REINHARD FÜRST

ANNALES de TEUTONICORUM

BAND 2

novum pro

Dieses Buch ist auch als
e-book
erhältlich.

Bibliografische Information
der Deutschen Nationalbibliothek:

Die Deutsche Nationalbibliothek
verzeichnet diese Publikation in
der Deutschen Nationalbibliografie.
Detaillierte bibliografische Daten
sind im Internet über
http://www.d-nb.de abrufbar.

Gedruckt in der Europäischen Union
auf umweltfreundlichem, chlor- und
säurefrei gebleichtem Papier.

© 2025 novum publishing gmbh
Rathausgasse 73, A-7311 Neckenmarkt
office@novumverlag.com

ISBN 978-3-7116-0626-6
Lektorat: Barbara Dier
Umschlagfoto:
Aletheia97 I Dreamstime.com
Umschlaggestaltung, Layout & Satz:
novum Verlag

www.novumverlag.com

Druckprodukt mit finanziellem
Klimabeitrag
ClimatePartner.com/16547-2311-1001

Inhaltsverzeichnis

Zweiter Teil

Annales de Teutonicorum
Die Annalen der Deutschen

„Liebe deinen Nächsten wie dich selbst." (MAR 12, 31)
Wer also sein eigenes Volk nicht liebt,
kann auch kein anderes lieben.
Wer also seine eigene Heimat nicht liebt,
kann auch kein anderes Land lieben.
Wer also seine eigene Kultur nicht liebt,
kann auch keine andere lieben.
Wer sich also selbst nicht liebt,
kann auch seinen Nächsten nicht lieben.

Das Mittelalter

Einen genauen Übergang von einem Zeitalter zu einem anderen gibt es so nicht. Diese Prozesse sind langwieriger Art, weswegen man höchstens einen Mittelwert angeben kann. Ein zentrales Datum, um das herum sich dieser Übergang vollzog.

Als Beginn des Übergangs kann man die Absetzung des letzten weströmischen Kaisers Romulus im Jahr 476 annehmen. Dieser wurde als 16-Jähriger von seinem Vater zum Kaiser proklamiert, welcher allerdings gegen Odoaker in der Schlacht fiel. Daraufhin wurde Romulus abgesetzt und wohl nach Kampanien verbannt. Odoaker ernannte keinen Nachfolger, sondern nahm für sich den Titel eines Königs von Italien an und unterstellte sich der Oberhoheit Ostroms.

Als Endpunkt des Überganges kann man das Entstehen des Langobardenreiches in Italien 572 annehmen. Dies ist zugleich auch als das Enddatum der germanischen Völkerwanderung zu sehen.

Mit dem Tod Theoderichs des Großen im Jahr 526 stirbt auch der letzte Germanenherrscher, welcher Ostrom noch als Rechtsnachfolger des Weströmischen Reiches ansah. Nachdem Chlodwig I. den römischen Feldherrn Syagrius 486 besiegt hatte, gab es keine rein römische Herrschaft mehr im Westreich. Im gesamten Westen herrschten Germanen: Angelsachsen in England, Franken in Gallien, Westgoten und Sweben in Spanien, Ostgoten in Italien und Vandalen in Nordafrika.

Zwar erneuerte Kaiser Justinian I. noch einmal das Römische Reich, doch blieben seine Eroberungen letztlich ein Intermezzo. Das Weströmische Reich war und blieb Geschichte.

Auch Chlodwig I. kommt hierbei eine zentrale Rolle zu. Einerseits legte er mit der Errichtung des Frankenreiches den Grundstein für mehrere Staaten und Völker der Gegenwart. Andererseits schuf er durch seinen Übertritt zum katholischen Glauben die Grundlage zur geistigen Einigung seines Reiches – und damit die Grundlage der abendländischen Kultur.

In diesen rund 100 Jahren vollzieht sich also der Umbruch von der Antike zum Mittelalter.

Ansonsten gäbe es das Problem der Datierung. Nehmen wir als Beginn des Mittelalters zum Beispiel mit der Kaiserkrönung Karls des Großen im Jahr 800. Dadurch stellt sich die Frage, was dies für eine Zeit gewesen sein soll zwischen dem Ende Westroms und der Erneuerung der Reichsidee durch Karl?

Zuletzt möchte ich noch einen theoretischen Punkt ansprechen.

Das Mittelalter gibt es nur in Europa, genauer gesagt in Westeuropa. „Mittelalter" bezeichnet nämlich nach meiner Auffassung keine bestimmte Zeitepoche, sondern vielmehr eine Kulturepoche. Und so wurde es auch von den Namensgebern gesehen. Daher sollte die kulturelle Entwicklung das Maß der Betrachtung sein. Sofern sie das ist, kann es ein Mittelalter als Kulturepoche nur in Westeuropa gegeben haben. Und dessen Wurzeln liegen im Wirken Chlodwigs und Theoderichs.

529

Die Akademie von Platon in Athen wird als Relikt des Heidentums geschlossen.

529–31

Die Franken ziehen erneut gegen die Thüringer und unterwerfen sie endgültig.

529–35

Kaiser Justinian I. lässt den *Corpus Iuris Civilis*, eine Sammlung des gesamten Römischen Rechtes, abfassen.

529–550

Gründung des Klosters Monte Cassino (577 durch die Langobarden, 883 durch die Sarazenen, 1349 durch ein Erdbeben und 1944 durch die Amerikaner zerstört und jedes Mal wieder besiedelt), Italien. Der Hl. Benedikt von Nursia verfasst seine Mönchsregel, die *Regula Benedicti*. In der Folge wird sie zur „Gründungsurkunde" des abendländischen Mönchtums werden.

Das Mönchtum

Das christliche Mönchtum hat im Eremtitentum seine Wurzel. Im 3. Jahrhundert entstand diese Bewegung, zuerst in Ägypten, später in Syrien und Kleinasien. Zwei der bedeutendsten Vertreter der Anachoretentum genannten christlichen Lebensform waren der Hl. Ammun und der Hl. Antonius der Große. Der große Zulauf führte seit dem 4. Jahrhundert zum Entstehen des Koinobitentums (sprich Zönobitentum). Eremiten schlossen sich zu gemeinsamem Leben und Gottesdienst zusammen. Um 320 gründete der Hl. Pachomius in Ägypten die erste dieser Mönchsgemeinschaften. Das Katharinenkloster auf dem Sinai ist ein gutes Beispiel dafür. Offiziell gegründet wurde es zwischen 530 und 550, als das erste Kloster erbaut wurde: Doch bestanden schon seit dem Anfang des 4. Jahrhunderts viele kleine Mönchsgemeinschaften dort.

Wirkmächtig wurden die Schriften des Hl. Bischofs Basilius von Caesarea (gest. 379), welche bis heute das Fundament des Mönchtums in der Orthodoxie bilden.

Für die abendländische Kirche wurden, neben vielen anderen, vor allem die drei Hl. Augustinus, Benedikt und Kolumban der Jüngere von herausragender Bedeutung. Nachdem mehrere Jahrhunderte hindurch mehrere Regeln und auch Mischregeln bestanden, waren es die Synoden von Aachen in den Jahren 816 und 817, welche die Benedikt-Regel als maßgeblich für alle Klöster im Frankenreich festschrieben.

Da aber auch das Mönchtum immer wieder kompromittiert wurde, wie alles, was von Menschenhand geschaffen ist, entstanden immer wieder Reformbewegungen und -orden.

Beispielhaft sei hier nur auf die Cluniazensische Reform des 10. Jahrhunderts und den Zisterzienserorden (Gründung von Cîteaux 1098 in Burgund) verwiesen.

Als mit dem mittelalterlichen Städteboom seit dem 12. Jahrhundert die Städte massiv an Zahl und Umfang zunahmen, entstanden neue Probleme und Forderungen wie auch Lösungen. Denn die „alten" Orden waren auf das Land zugeschnitten und hatten demzufolge nur wenig mit den Städten zu tun. Ihr Ziel lag und liegt darin, ein weltabgewandtes Leben zu führen und Gott zu dienen. Was sich nur schwer mit pulsierenden Städten vereinen lässt.

So entstanden aus der Armutsbewegung der Zeit die Bettelorden, welche sich nun im Gegensatz zu den alten Prälatenorden nicht mehr auf dem Land, sondern in den Städten niederließen. 1218 wurde der Dominikanerorden bestätigt, 1233 der Franziskanerorden. Neu war auch die Entstehung von sogenannten Terziaren als einem 3. Orden neben den klassischen Männer- und Frauenorden. Die Angehörigen des 3. Ordens versuchen, das Ideal einer *vita apostolica et evengelica* in Familie und Beruf zu verwirklichen. Mit der Zeit entstanden aus verschiedenen Gründen immer mehr solcher Orden, wie zum Beispiel die Karmeliter, Kapuziner, Augustiner-Eremiten und weitere.

Neue Impulse erhielt das Mönchtum durch Luther, die Katholische Reform und das Konzil von Trient 1545–63.

Nun entstanden Orden, welche sich verstärkt der Welt- und Volksmission, der Erziehung, der Krankenpflege sowie den Wissenschaften widmeten. Als Beispiele seien hier die Ursulinen 1535, Jesuiten 1540, Barmherzigen Brüder 1586 und die Englischen Fräulein 1610 genannt.

Eine epochale Zäsur stellt die absolute Kulturschwelle der Industrialisierung dar. So erlebte das Mönchtum in Europa vom 18.–21. Jahrhundert teilweise massive Einbußen und Rückschläge.

Dies führte allerdings auch zu einem wahren Ordensboom ab dem 19. Jahrhundert. So entstanden in dieser Zeit das christliche Vereinswesen, die Gesellschaften des apostolischen Lebens genauso wie eine Vielzahl von Frauenorden. Als Letztes kamen die Säkularinstitute dazu. Säkularinstitute sind im Grunde 3. Orden, nur ohne Orden, das Ziel jedoch ist das Gleiche.

Bis heute bleibt dabei das Gemeinsame das bestimmende Thema. Nicht die Suche nach Gott durch den Einzelnen, sondern die Hingabe an Gott in der Gemeinschaft ist das verbindende Element.

Oder, um es so zu formulieren, wie jemand einmal gesagt hat. Das Mönchtum ist die einzige kommunistische Lebensform, die je funktioniert hat. Ein Gedanke mit einem gewissen Reiz!

530

Erstmals werden die Bayern namentlich genannt.
Die Sachsen erreichen um diese Zeit den Rhein.

531

Die Franken ziehen gegen die Thüringer und besiegen diese in der Schlacht an der Unstrut. Thüringen wird Teil des Frankenreiches. Durch diesen Sieg entsteht die *Francia orientalis*, Ostfranken, welches später zur Keimzelle des Herzogtums Franken werden wird. Dies wurde möglich, da der südliche und westliche Teil des Thüringerreiches von den Franken annektiert wurde, während zugleich der nördliche Teil von den mit den Franken verbündeten Sachsen annektiert wurde.

532

Die Franken besiegen Burgund endgültig. Bis 534 wird es ein Teil des Frankenreiches.

Das merowingische Frankenreich

Das merowingische Frankenreich wurde durch Chlodwig I. gegründet. Chlodwig einte mit Gewalt die fränkischen Kleinkönigtümer und schmiedete aus ihnen ein geeintes Reich.

Durch seinen Sieg über Syagrius 486 löschte er den letzten Rest römischer Herrschaft in Gallien aus und hatte von da an freie Hand im Land.

Mit seinen Siegen gegen die Alemannen, Burgunder und Westgoten machte er sein Reich zum stärksten aller Germanenreiche.

Ein sehr wichtiger Punkt war sein Übertritt zum Katholizismus im Jahr 498. Dadurch legte er den Grundstein für ein allmähliches Zusammenwachsen von Germanen und Romanen. Denn bis dahin hatten sowohl der heidnische wie auch der arianische

Glaube vieler Germanen das größte Hindernis für ein friedliches Zusammenleben gebildet.

Mit der *Lex Salica* wurde die Rechtslage nach innen weiter gefestigt. Da es keine römische Herrschaft mehr gab, übernahmen die Merowinger einfach die ehemaligen römischen Landgüter, was sie finanziell gut absicherte. Auf diese Art und Weise mit vielen Vorzügen ausgestattet, konnte das Frankenreich zur Wiege der abendländischen Kultur werden.

Wieso dieses Reich dennoch in einer Art von Dauerkrise verhaftet blieb, ist schnell erklärt.

Bei den Franken war es üblich, das Erbe gleichmäßig aufzuteilen, auch ein Königreich. Deshalb wurde das Gesamtreich beim Tod des Königs immer wieder neu aufgeteilt. Dies führte regelmäßigzu Thronstreitigkeiten und Bürgerkriegen.

Diese schwächten das Reich an sich schon, doch die Teilreiche noch mehr. Denn: oberste Aufgabe eines Königs ist es, das Land nach innen und außen zu schützen. Durch die Teilungen wurde die Zentralgewalt jedoch jedes Mal geschwächt, was es ihr umso schwerer machte, ihrer eigentlichen Aufgabe nachzukommen.

Im Zuge dieser Streitigkeiten entstanden drei Teilreiche mit, im Großen und Ganzen, festen Grenzen. Austrien, das Ostreich, Neustrien, das Neureich und Franko-Burgund. Diese Dreiteilung wurde nötig, da jeder Teil einen Anteil am fränkischen Kerngebiet haben musste. Was auch erklärt, warum Aquitanien oft zum Zankapfel wurde, denn Austrasien konnte nie einen Anteil daran haben.

Aus diesem Problem erwuchs den Merowingern ein zweites.

Denn durch die Teilreiche wurde ja die Zentralgewalt geschwächt. Gleichzeitig nahm die Macht der Lokalgewalten aber immer weiter zu. Dies umso mehr, wenn es zu Krieg oder Bürgerkrieg kam. So verloren die Merowinger immer mehr an Macht und Einfluss, was die Lokalgewalten stärkte, und so fort. Ein Teufelskreis war entstanden.

Nur selten konnte dieser unterbrochen werden, zum Beispiel wenn es wie bei Dagobert I. nur einen Erben gab oder wenn der letzte noch lebende Bruder das Gesamtreich in seiner Hand vereinen konnte wie bei Chlothar I.

Für sich genommen waren die Teilreiche allerdings sehr fruchtbar, da sie die Entwicklung ihrer Länder förderten und mit kompetenten Lokalgewalten auch Machthaber anwesend waren, die sie durchsetzen und schützen konnten. Durch diese Stabilität innerhalb der Teilreiche wurde das Zusammenwachsen einzelner Völker und Stämme erst möglich, wodurch die Völker Mittel- und Westeuropas entstehen konnten.

Das Merowingerreich endete mit der Absetzung des letzten Merowingers, Childerich III. im Jahr 751.

533–35

Der oströmische Feldherr Belisar erobert das Vandalenreich in Nordafrika.

534

Toledo wird neue Hauptstadt des Westgotenreiches.

Herminafried, König von Thüringen, stirbt.

535–55

Amalaswintha, die Tochter und Erbin Theoderichs des Großen, wird durch eine Intrige entmachtet und schließlich ermordet. Kaiser Justinian benutzt den Vorfall, um Italien aus gotischer Hand zurückzuerobern. Belisar besetzt Sizilien. Beginn des Zweiten Gotenkrieges.

Die Gotenkriege Justinians beenden die Spätantike in Italien.

535–660

Die Kleine Eiszeit der Spätantike.

536

Der Gotenkönig Wittigis tritt die ostgotischen Gebiete in Gallien an die Franken ab, um freie Hand gegen Byzanz zu haben. Die Provence wird Teil des Frankenreiches.

Neapel und Rom werden von Belisar erobert.

536–52

Im Gotenkrieg wird Rom fünfmal belagert, erobert und geplündert. Die antike Weltstadt wird in den Kämpfen nahezu vollständig zerstört und fast entvölkert.

537

In der Schlacht von Camlann, dessen genaue Lage in Britannien nicht mehr feststellbar ist, fällt der legendäre König Artus.

In Konstantinopel wird die Hagia Sophia eingeweiht.

538

Fridolin von Säckingen, Glaubensbote und Klostergründer, stirbt.

539

Bayern wird ein Vasallenstaat des Frankenreiches.

540

Ravenna wird von den Byzantinern erobert.

Der oströmische Feldherr Belisar wird aus Italien abberufen. Den Umstand nutzend können sich die Goten nördlich des Po sammeln und sich neu formieren.

Gregor I. der Große, 540–604; Hl. Papst, Kirchenvater und Kirchenlehrer.

541

Krieg der Franken gegen die Westgoten. Saragossa wird vergeblich belagert und die Franken ziehen sich wieder hinter die Pyrenäen zurück.

542

Totila, 542–552; König der Ostgoten.

Hl. Kolumban der Jüngere, 542–615; Klostergründer und Missionar.

542–77

Die Hochzeit der Justinianischen Pest. In Wellen wird sie um den gesamten Mittelmeerraum bis ins 8. Jahrhundert immer wieder ausbrechen.

544

Otranto wird von den Goten vergeblich belagert.

545

Benevent wird zerstört.

546

Piacenza wird von den Goten erobert.

548

Auf dem Sinai, Ägypten, wird das Katharinenkloster gegründet. Allerdings gehen ältere Gebäude und Fundamente teilweise auf das 3. Jahrhundert zurück.

549

Die Goten erobern Tarent und Perugia.

Der byzantinische Feldherr Belisar wird abgezogen und durch Narses ersetzt.

550

Bei Sena Gallica in der Nähe von Ancona wird die Flotte der Ostgoten von den Byzantinern vernichtend geschlagen.

St. Gallus, 550–640; Missionar und Mönch, Begründer von St. Gallen in der Schweiz.

551

Jordanes veröffentlicht die *Gaetica*, die Geschichte der Goten.

552

Der byzantinische Feldherr Narses besiegt König Totila in der Schlacht von Tadinae südlich von Ravenna.

Jordanes, Gelehrter und Geschichtsschreiber, stirbt.

553

Das II. Konzil von Konstantinopel tagt.

In der Schlacht am Milchberg, östlich von Neapel, werden die Ostgoten endgültig besiegt. Das Ostgotenreich erlischt.

554

Cassiodor gründet in Kalabrien das Kloster Viviarum, dessen Lage heute unbekannt ist. Er verpflichtet die Mönche auch zur Aufzeichnung des antiken Wissens, womit die Klöster beginnen zu Bildungseinrichtungen zu werden.

555

Garibald I. ist der erste bayrische Herzog, welcher namentlich genannt wird.

556

Die Franken führen Krieg mit den Sachsen und Thüringern.

557

Die Sachsen erobern und plündern das Kastell Deutz im heutigen Köln.

560

Die Awaren erreichen Europa und besiegen das Reich der Hunno-Bulgaren östlich des Schwarzen Meeres.

561

Die Awaren überqueren die Donau Richtung Balkan. Gegen Zahlung großer Summen ziehen sie jedoch wieder ab.

Spätestens um diese Zeit treten die Sueben in ihrem Gallizischen Reich, Spanien, zum Katholizismus über.

Erstmals wird das Reimser Teilreich der Franken (nach seiner Hauptstadt Reims) als Auster, Austrasien oder Ostreich bezeichnet.

562

König Sigibert I. besiegt die Awaren bei Regensburg und stoppt damit zunächst ihr weiteres Vordringen nach Norden und Westen.

566

Alboin, 566–573; König der Langobarden.

567–68

Die Awaren zerstören das Gepidenreich im heutigen Rumänien und lassen sich in der Pannonischen Tiefebene nieder. Die Langobarden, als ehemalige Verbündete der Awaren, ziehen daraufhin nach Italien ab.

568

Die Landnahme der Langobarden in Italien beginnt.

In dieser Zeit beginnt die Entstehung von Venedig als Stadt in der Lagune, auf die sich Siedler zurückziehen, um sich den ständigen Angriffen und Plünderungen leichter erwehren zu können. Da die Byzantiner dieses Gebiet längere Zeit halten können, kann sich unter ihrem Schutz eine neue Stadt bilden, die schon bald auf eigenen Beinen stehen kann.

572

Die Langobarden erobern Pavia, das sie zu ihrer neuen Hauptstadt machen, und gründen ein eigenes Reich im Norden Italiens. Die germanische Völkerwanderung ist zu Ende.

580

Pippin der Ältere, 580–640; Hausmeier von Austrasien, Stammvater der Karolinger.

582

Arnulf von Metz, 582–640; Bischof von Metz, Stammvater und Hausheiliger der Karolinger.

584

Die Slawen erreichen die Mündung der Save in die Donau.

585

Die Synode von Mâcon. Auf ihr wurde, für das ganze Frankenreich, der Zehnte als Naturalabgabe verpflichtend eingeführt.

590

Gregor I. der Große wird zum Papst gewählt. Er wird bis 604 regieren.

Das Bistum Säben, das heutige Bistum Bozen-Brixen, entsteht in Tirol.

595

Der irische Heilige, Kolumban der Jüngere, schreibt die *Regula Monachorum*, die Regel für Mönche.

7. Jahrhundert

Die Mönche beginnen systematisch damit, durch Abschrift das Wissen der Antike zu bewahren.
　　Die Klöster St. Bavo (1539 aufgelöst) und St. Peter (1796 säkularisiert) auf dem Stadtgebiet des heutigen Gent, Belgien, entstehen.

Durch die zweite Lautverschiebung entsteht das Althochdeutsche. Gleichzeitig beginnt die Volkwerdung des deutschen Volkes.

Die Volkwerdung des deutschen Volkes

Natürlich ist mir bewusst, dass jedes Volk gerne älter wäre als alle anderen. Und wer denkt, diese Frage wäre heute irrelevant, der irrt sich gewaltig.

Wie im ersten Teil bei den Bajuwaren bereits angesprochen und angeklungen, ist eine Volkwerdung nichts, was mal auf die Schnelle passiert. Vielmehr muss man bei einer Volkwerdung mit einem Zeitraum von 4–6 Generationen, also 100–150 Jahren rechnen. Dies bedeutet, dass man von einem voll ausgebildeten deutschen Volk erst um 750 sprechen kann. Dies wird noch dadurch erhärtet, wenn man sich Synodalakten aus jener Zeit ansieht. In ihnen kommen oftmals althochdeutsche Wörter und Orts- und Flurnamen vor. Als Beispiele seien hier das *Concilium in Austrasia habitum quid digitur Germanicum* aus dem Jahr 742 oder die *Notitia Arnonis*, entstanden um 790, genannt. Dies kann allerdings nur sein und Sinn ergeben, wenn ein dazugehöriges Volk oder ein in der Entstehung befindliches Volk besteht, das diese Worte auch versteht. Warum sie sonst verwenden?

Ich möchte allerdings noch auf etwas anderes in diesen Akten hinweisen. Darin kommt oft die Bezeichnung *theodisc* vor. Oft wird angeführt, dass diese Bezeichnung aus dem Germanischen stammt und so viel wie „volkssprachlich" bedeutet. Daher sei in den Akten nur von einer germanischen Volkssprache und nicht von einer deutschen Sprache die Rede. Abgesehen davon, dass in dieser Zeit dies aufgrund der Lautverschiebung gar nicht mehr sein kann, ist die Herleitung auch richtig, das Wort bedeutet sehr wohl volkssprachlich. Allerdings muss ich darauf hinweisen, dass diese Akten in Latein abgefasst wurden. Im Lateinischen bedeutet der Ausdruck *vulgari vocabulo*, oder ähnlich, volkssprachlich.

Warum einen germanischen Ausdruck in einer ansonsten lateinischen Akte verwenden? Dies macht nur Sinn, wenn das Wort *theodisc* eine Eigenbezeichnung ist. Ansonsten hätte ja eine lateinische Bezeichnung völlig gereicht.

Für die Volkwerdung meines Volkes sind drei Punkte maßgebend: Erstens die Lautverschiebung ab dem 7. Jahrhundert. Zweitens die fränkischen Teilreiche. Und drittens die ethnischen, kulturellen und sprachlichen Gemeinsamkeiten der einzelnen Stämme.

Die Lautverschiebung, die sich von Süd nach Nord ausbreitete, erfasste zunächst nur die deutschen Stämme innerhalb des Frankenreiches. Sie betraf also zunächst nur die Alemannen, Bajuwaren, Ostfranken und die Thüringer. Die Benrather Linie scheint auch die Lösung zu sein für die Frage, warum es zu dieser Verschiebung gekommen ist. Sie breitet sich dabei im gesamten Süden aus. Kerngebiet war dabei die Schweiz, interessanterweise das Gebiet südlich des Vierwaldstättersees im Wallis. Doch wie konnte es dazu kommen?

Meine Theorie dazu ist eine doppelte. Zum einen sind Alemannen, Bajuwaren und Thüringer geografisch verwandt. Wenn man sich die ursprünglichen Siedlungsgebiete dieser drei Stämme anschaut, so sieht man, alle drei kommen in etwa aus der gleichen Ecke. Alle drei sind ursprünglich elbgermanische Stämme! In späterer Zeit siedeln die Bajuwaren und die Alemannen nach Südwest um, während die Thüringer nur ein Stück weiter nach Süden rücken. Zum anderen entsteht das Höchstalemannische eben südlich des Vierwaldstättersees in der Schweiz. Von dort aus breitet es sich über den ganzen Süden aus. Ich vermute, dass es dabei einem Einfluss durch die Romanen ausgesetzt war, der die Sprache nachhaltig veränderte. Romanen gab es im gesamten Alpenraum, ebenso wie in den Städten. Das würde erklären, warum die fränkischen Dialekte diese Verschiebung, obwohl keine Elbgermanen, mitgemacht haben. Einerseits weil sie die Einflüsse aus dem Süden aufnahmen und andererseits, weil sie dem gleichen Einfluss von Romanen ausgesetzt waren.

Das korrespondiert mit der Tatsache, dass, desto weiter man nach Norden und Osten kommt, der Einfluss immer geringer wird. Nördlich des heutigen Thüringen und Sachsen endet der Einfluss komplett. Dies geschah deswegen, da nördlich davon in späterer Zeit keine Elbgermanen lebten. Sachsen, genauso wie die Friesen und Franken, sind eigentlich Nordseegermanen. Sie bilden mit dem Nordseegermanisch bis heute die Grundlage für Niederdeutsch.

Auch historisch ergibt das Sinn. Denn man weiß ja, dass die Langobarden und Bayern ein sehr gutes Einvernehmen hatten, eben weil sie beide Elbgermanenstämme waren und beide von Romanen beeinflusst wurden.

Wer weiß: Wäre Karl der Große nicht in Italien einmarschiert, wäre Italienisch nie entstanden. Jedenfalls ist es auffällig, dass es mit Rätoromanisch, Ladinisch und Friaul drei Sprachen gibt, die aus einem romanisch-germanischen Mix entstanden sind.

Wie dem auch sei, bei den Franken herrschte die Sitte, das Erbe unter allen gleichmäßig zu teilen. Daher entstanden im Lauf der Zeit drei Teilreiche innerhalb des Frankenreiches. Diese waren Austrien, Neustrien und Franko-Burgund. Zwar änderten sich die genauen Grenzen immer wieder, doch blieben die Kernräume erhalten. Und das ist entscheidend! Denn dadurch konnte sich ein Zusammengehörigkeitsgefühl entwickeln, aus dem später eben auch mein Volk entstand. Übrigens entstanden dadurch auch die Sprachen Okzitanisch und Provenzalisch, welche auch heute noch gesprochen werden.

So war es denn auch möglich, dass sich in Austrien (Ostreich) das deutsche Volk entwickeln konnte. Alle Stämme lebten über Jahrhunderte zusammen und wuchsen auch zusammen.

Ähnlich war es in Neustrien (Neureich), in welchem das französische Volk entstand. In Franko-Burgund wurde die Grundlage gelegt für die späteren Königreiche Arelat und Burgund. Mit Provenzalisch entstand dort auch eine eigene Sprache. Das Okzitanische in Aquitanien entstand dadurch, dass der Südwesten des Frankenreiches ebenfalls als großteils geschlossenes Gebiet immer wieder zu unterschiedlichen Herrschaften gehörte. Aber als Territorium blieb es bis zum Aussterben der Karolinger im Westreich 987 unangetastet.

Schließlich würde das Zusammengehörigkeitsgefühl dieser vier Gebiete so groß werden, dass der Adel sogar auf den territorialen Erhalt der Teilreiche gegenüber den Herrschern bestehen konnte.

Einzig in dem Jahrhundert der Machtübernahme Pippins III. im Jahr 751 bis zum Tod Ludwigs des Frommen 840 wurde noch einmal ein geeintes Reich geschaffen. Doch waren die zentrifugalen Kräfte bereits zu stark, um ein einzelnes Reich auf Dauer zu erhalten.

Wir Deutschen entstanden als Volk wohl früher als die übrigen Völker des Frankenreiches. Weniger, weil mir das so gefällt, sondern schlicht aufgrund der Tatsache, dass wir nicht in Gallien entstanden, sondern im alten Germanien. Da es bis auf den Alpenraum und das Rheinland kaum Romanen gab, mussten nur germanische Stämme zusammenwachsen. Die Germanen waren ethnisch, kulturell und sprachlich allerdings schon durch viele Gemeinsamkeiten verbunden. Anders in Gallien, wo verschiedene germanische Völker und Romanen erst zueinanderfinden mussten. Was oft nicht leicht war.

Historia Pars

Mit dem Entstehen meines Volkes beginnt unser Eintritt in die Geschichte. Denn eine Geschichte von etwas kann es nur geben, wenn dieses Etwas selbst besteht. Aber man sollte sich so etwas nicht als plötzlichen Eintritt vorstellen, wie ja schon oben ausgeführt wurde. Vielmehr beginnt nun das Werden unserer Altvorderen, unsere Geschichte.

Was mir auch am Herzen liegt, weil es oftmals für Verwirrung sorgt, ist, festzuhalten, dass die Germanen unsere Vorfahren sind. Allerdings sind Germanen und Deutsche nicht dasselbe. Man müsste ja denn auch zu Recht fragen, was denn mit den Engländern, Holländern, Dänen, Flamen usw. wäre. Stattdessen sehe ich es eher so, dass die Germanen unsere Eltern waren. Und die germanischen Völker sind ihre Kinder. Nicht mehr, aber auch nicht weniger!

600

Das Bistum Augsburg in Bayern wird wiedererrichtet.

610

In der Schlacht von Liezen in der Steiermark erlitten die Bayern eine schwere Niederlage gegen Awaren und Slawen. Dadurch kam die bayrische Besiedelung des Ostalpenraumes de facto zum Stehen. Neue Grenze wurde in etwa die Linie Hohe Tauern-Ennstal.

Im gleichen Jahr fielen die Awaren zu Raubzügen in Friaul in Norditalien ein.

612

Der irische Einsiedler Gallus errichtet im Steinach-Hochtal in der Schweiz eine Einsiedelei. Sie wird in der Folge zur Keimzelle des späteren Klosters und heutigen Bistums St. Gallen.

613

Die *Lex Ribvaria*, das Recht der rheinischen Franken, und der *Pactus Alamannorum*, das alemannische Recht, entstehen bis 625.

Stammesrechte

Der Name „Stammesrechte" für die *Leges* ist umstritten. Man hat zu Recht angemahnt, dass die Germanenrechte kein rein germanisches Rechtsverständnis widerspiegeln, allerdings sind sie deshalb um nichts weniger Stammesrechte. Also Rechtstexte, welche nur für einen bestimmten Stamm Geltung hatten und für niemand anderen. Man muss hier bedenken, dass wir uns in einer Zeit befinden, in welcher es kein Territorialrecht gab, sondern fast ausschließlich ein Personalrecht. Das heißt, dass das Recht nicht an einen Ort gebunden ist, sondern an eine Person – ähnlich wie das Militär- oder Kirchenrecht heute noch. Es ging nicht darum, **wo** du warst, sondern darum, **wer** du warst.

Dies sieht man auch an den Sonderrechten, die für die Romanen abgefasst worden waren.

Inwieweit aber nun die Rechtstexte rein germanisches Recht widerspiegeln, ist schwer zu entscheiden, da es keine früheren Aufzeichnungen gibt. Weswegen sich auch die Frage stellt, inwieweit diese Fragestellung eigentlich wichtig ist.

Was damit gemeint ist, möchte ich am Beispiel des *Codex Euricianus* zeigen. Als König Eurich diesen Rechtstext abfassen lässt, befinden sich die Westgoten bereits seit 100 Jahren auf Wanderschaft oder Flucht. Das heißt, dass niemand mehr am Leben war, der wirklich wusste, was Frieden bedeutet. Man sehe sich heute Länder wie Afghanistan, Somalia, Libyen oder Syrien an und man bekommt einen guten Eindruck davon, was jahrzehntelange Konflikte für Verrohungen zur Folge haben können. Etwas Ähnliches konnte man auch in der zweiten Hälfte des 17. Jahrhunderts bei uns erleben, als die allgemeinen Sitten nach dem 30-jährigen Krieg einen absoluten Tiefpunkt erreicht hatten. Damit will ich zeigen, dass solche Umstände sehr leicht Einzug finden können in solche Rechtstexte.

Aber nicht nur Verrohung kann ein Einflussfaktor sein. Auch der Kontakt zu den Römern hat seine Spuren hinterlassen. Die Gesetze selbst sind ein beredtes Zeugnis dafür, denn Rechtstexte sind für eine orale Gesellschaft zweitrangig. Abgesehen davon, dass die Texte in Latein und nicht in den germanischen Sprachen bzw. Dialekten niedergeschrieben wurden.

Zu guter Letzt stellt sich die folgende Frage:Wann ist denn ein Germanenrecht ein Germanenrecht? Wenn es für Germanen gilt, würde ich sagen. Gesetze bleiben oft stabil, aber nicht immer und schon gar nicht alle. Also muss man auch bei einer oralen Gesellschaft davon ausgehen, dass sich auch hier Rechtsvorstellungen mit der Zeit geändert haben. Wenn man alleine an den Handel mit den Römern denkt, der über Jahrhunderte ablief, lässt es sich schwer vorstellen, dass dies keinerlei Änderungen im Rechtsdenken und der Rechtspraxis nach sich gezogen haben soll. Ebenso weitreichende Auswirkungen hatten die Völkerwanderung oder das Christentum.

Ich würde daher sagen, die Germanenrechte waren eine Spätform des Germanenrechtes.

Aber eben Germanenrechte.

614

Auf dem Konzil von Paris werden erstmals Bischöfe von Worms und Speyer genannt.

Bei der Eroberung Jerusalems durch die Perser wird die Grabeskirche schwer beschädigt.

623

Die Schwäche der Awaren nach ihrer schweren Niederlage vor Konstantinopel im Jahr zuvor ausnutzend, erheben sich die Slawen im Westen ihres Einflussgebietes. Bis 630 gelingt es ihnen unter ihrem Anführer Samo, einem Franken, ein geschlossenes Reich von Böhmen bis zur Adria zu errichten. 660, nach Samos Tod, erlischt dieses Reich allerdings schnell wieder.

632

Tod des Propheten Mohammed. Unter dem Kalifen Omar I. beginnt die islamische Expansion, der Arabersturm.

635

Hl. Lambert, 635–705; Märtyrer und Bischof von Maastricht.
Pippin der Mittlere, 635–714; fränkischer Hausmeier.

639

Nach dem Tod König Dagoberts I. übernehmen die Hausmeier die tatsächliche Macht im Frankenreich. Die Merowinger werden immer mehr zu Schattenherrschern. Hausmeier war so etwas wie ein oberster Verwalter im Haus des Königs.

643

König Rothar erlässt das *Edictum Rothari*, das Recht der Langobarden.

650

Bayrische Siedler lassen sich erstmals in der Gegend von Bozen in Tirol nieder.

Rupert von Salzburg, 650–718; Bischof von Worms, Abt von St. Peter, Missionar, Klostergründer, Patron des Landes Salzburg.

652

Der Hl. Emmeram von Regensburg stirbt den Märtyrertod.

658

Willibrord, 658–739; Missionar und Abt.

659

Das Kloster Maursmünster im Elsass wird gegründet (1792 säkularisiert).

663

Hl. Erentrudis von Salzburg, 663–718; Erste Äbtissin des Klosters Nonnberg und Landespatronin von Salzburg.

670

Wigbert, 670–747; Missionar und Abt.

672

Hl. Bonifatius, 672–754; Glaubensbote in Deutschland, Bischof von Mainz und Märtyrer.

679

Radbod, regierte 679–719; König der Friesen.

680

In der Langobardengeschichte des Paulus Diaconus wird erstmals Bozen als *Bauzanum* erwähnt.

Korbinian von Freising, 680–729; Erster Bischof von Freising und Patron der Erzdiözese München-Freising.

680–81

Das III. Konzil von Konstantinopel tagt. Auf ihm wurde der Monotheletismus verworfen. Der Monotheletismus ging davon aus, dass Christus zwar zwei Naturen, aber nur einen Willen hätte.

688

Karl Martell, 688–741; fränkischer Hausmeier.

689

Pippin besiegt die Friesen und annektiert Westfriesland, das in etwa den heutigen Niederlanden entspricht.

Otmar von St. Gallen, 689–759; Gründer und erster Abt des Klosters St. Gallen.

690

Die Hl. Odilia vom Elsass gründet das Kloster Odilienberg (1790 säkularisiert, 1853 wieder besiedelt).

695

Der Hl. Willibrord wird zum Missionserzbischof für Friesland geweiht.
Der Hl. Suitbert gründet auf einer Rheininsel das erste Kloster Kaiserswerth, aus dem später auch die heutige Stadt Kaiserswerth als Stadtteil von Düsseldorf hervorgehen wird.

Die Franken annektieren das restliche Friesland.

696–717

Der Hl. Rupert wirkt in Salzburg.

St. Rupert

Ursprünglich dürfte der Hl. Rupert als Missionar nach Bayern gekommen sein. Ob allerdings freiwillig oder gezwungenermaßen ist heute nicht mehr mit Sicherheit zu sagen. Eigentlich war er Bischof von Worms. Und einem Bischof ist es untersagt, grundlos seine Diözese zu verlassen. Und er hielt sich ja doch 20 Jahre im Ausland auf.

Von Regensburg aus macht sich St. Rupert auf den Weg die Donau abwärts und kam bis nach *Lauriacum*, dem heutigen Lorch. Der Grund ist wohl die Mission der Awaren und Slawen. Allerdings zieht er schnell von dort wieder fort und wandert weiter westwärts.

Im Salzburger Land gründet er im heutigen Seekirchen am Wallersee eine erste Kirche.

Nach Verhandlungen mit der Herzogsfamilie werden ihm einige Salzquellen in Reichenhall und die verfallene Römerstadt *Juvavum* geschenkt. Hier dürfte St. Rupert auf romanische Christen gestoßen sein, welche im Salzburger Becken und im Alpenvorland noch geschlossen siedelten. Zugleich dürfte es auf dem Festungsberg eine herzogliche Pfalz gegeben haben. Seit römischer Zeit ist die Bebauung des Festungsberges mit einem Kastell archäologisch verbürgt. In einer chaotischen und kriegerischen Zeit wie der Völkerwanderungszeit und dem frühen Mittelalter ein nicht zu unterschätzendes Argument. Darüber hinaus ist der Aufenthalt bayrischer Herzogssöhne in Salzburg verbürgt. Was nur unter dem Aspekt der Sicherheit sinnvoll erscheint.

In der heutigen Stadt Salzburg gründete St. Rupert vor 700 das Kloster St. Peter, das älteste noch bestehende Kloster auf deutschem Boden. Ob er es erneuerte oder komplett neu gründete, lässt sich nicht mehr klären. Denn aus der Lebensgeschichte des Hl. Severin wissen wir, dass es um 470 in *Juvavum* bereits ein Kloster gab. Die Grabungsgeschichte der heutigen Erzabtei hat ebenfalls gezeigt, dass die Krypta des Klosters bis ins 5. Jahrhundert zurückdatiert.

Um 712 gründet St. Rupert die Maximilianszelle, den Kern des heutigen Bischofshofen, als Missionszentrum für die Slawen, welche damals bis zu den Tauern siedelten.

Zwischen 712 und 716 gründet er das Marienkloster Nonnberg, das älteste bestehende Frauenkloster auf deutschem Boden, wenn nicht sogar weltweit. Erste Äbtissin wurde die Hl. Erentrudis, welche wohl seine Nichte war und heute die dritte Landespatronin des Landes Salzburg ist.

Durch das Wirken des Hl. Rupert tritt Salzburg aus dem Dunkel der Völkerwanderungszeit. Drei Punkte sind dabei die wichtigsten gewesen. Zum einen die Schenkung einiger Solequellen in Reichenhall und die großen Waldschenkungen im nnergebirg (das Land Salzburg südlich des Passes Lueg). Sie statteten die Salzburger Kirche und später das Bistum finanziell aus.

Das Zweite war die Schenkung der verfallenen Römerstadt, sodass ein Ort existierte, auf welchem man ungestört bauen konnte. So konnte ein Zentrum geschaffen werden, von welchem aus man alles, was nötig war, organisieren konnte.

Als Drittes ist die Unterstützung sowohl der Herzogsfamilie als auch der Romanen vor Ort zu nennen. Ohne diese Unterstützung wäre es wohl kaum möglich gewesen, innerhalb eines Jahrhunderts aus einem Trümmerfeld ein blühendes Land zu machen.

Um 717 kehrte St. Rupert wieder nach Worms zurück, wo er kurz darauf verstarb.

Anlässlich der Weihe des ersten Doms von Salzburg im Jahr 776 durch den Hl. Virgil wurden seine sterblichen Überreste in einem feierlichen Zug von Worms nach Salzburg überführt. Am 24. September, dem heutigen Landesfeiertag von Salzburg, wurde er im Dom beigesetzt, wo er seither ruht.

698

Der Hl. Rupert gründet das heutige Kloster St. Peter in Salzburg. Es ist das älteste durchgehend bewohnte Kloster in Deutschland.

Das Kloster Echternach wird gegründet (1794 säkularisiert).

8. Jahrhundert

Der Pongau wird als erster Salzburger Gau namentlich genannt.
Die Vorgängerbauten der heutigen Kirchen von Mattsee,
Lamprechtshausen und Thalgau, alle in Salzburg, entstehen.

Der Babylonische Talmud wird fertiggestellt.

700

Der Hl. Erhard stirbt in Regensburg.

Herzog Heden II. von Mainfranken stiftet ein Kloster auf dem
Würzberg, der heutigen Marienburg.

Die Übertragung der Anteile an den Solequellen in Reichenhall
stellt auch die älteste Erwähnung der Reichenhaller Salzpro-
duktion dar.

St. Virgil, 700–84; Glaubensbote und Bischof von Salzburg,
zweiter Landespatron des Landes Salzburg.

702

Eberhard von Elsass, 702–47; Mönch und Graf im Elsass.

703–98

Die *Annales mosellani* als Teil der Fränkischen Reichsannalen
werden aufgezeichnet.

704

Arnstadt, Thüringen, wird erstmalig in einer Urkunde genannt.

706

Die älteste erhaltene Steinkirche Deutschlands auf dem Marienberg wird fertiggestellt.

707

Hl. Gregor von Utrecht, 707–75; Abt und Missionar.

710

Lullus, 710–86; Erster Erzbischof von Mainz und Missionar.

711

Durch Verrat siegen die Sarazenen in der Schlacht von Guadalete in Südspanien über die Westgoten. Bis 714 erobern sie fast ganz Spanien. Zu Ehren des islamischen Feldherrn Tarik wird der Ort der Landung in Spanien Dschebel al Tarik benannt, Fels des Tarik, Gibraltar.

Dār al-Harb – Der Arabersturm erreicht Europa

Die islamische Expansion, auch Arabersturm genannt, war einer der gewaltigsten Eroberungszüge der Geschichte. Während die arabische Halbinsel von Mohammed selbst zum neuen Glauben bekehrt wurde, begann nach seinem Tod im Jahr 632 ein Expansionsstreben, welches streng genommen bis heute nicht geendet hat.

Die beiden damals mächtigsten Reiche des Nahen Osten, das Byzantinische Reich und das Sassanidenreich im heutigen Iran, lagen seit Generationen im Konflikt miteinander. Diesen Konflikt ausnützend war es für den Islam leicht, sich schnell auszudehnen.

Zwischen 632 und 638 fällt das Heilige Land, vom Golf von Akkaba bis Antiochia, in die Hand des Islam. Zwischen 640 und 644 wird das Sassanidenreich erobert. 642 fällt Alexandria, Tripolitanien 647, Zypern 649, Armenien wird 653–55 erobert. 664 Kabul. 670 wird Konstantinopel erstmals belagert und es beginnt die Eroberung des Maghreb. 674–78 wird Konstantinopel ein zweites Mal belagert. Nach 10-jähriger Belagerung kapituliert Karthago 698. 711–14 wird das Westgotenreich im heutigen Spanien erobert, 712 Samarkand und islamische Truppen überqueren erstmals den Indus. 717–18 wird Konstantinopel ein drittes Mal belagert. Die Balearen werden 798 erobert, Kreta 823, Sardinien und Sizilien 827. Rom wird 846 erstmals belagert, Ragusa wird 868 erobert, Malta fällt 870, Aquileja wird 875 geplündert und Rom 878 erneut belagert.

Diese Auflistung, welche nur die großen Eroberungszüge zeigt, sei all jenen gewidmet, welche in geschichtsfälschender Weise immer die Kreuzzüge der ach so bösen Christen geißeln, jedoch die seit Jahrhunderten bestehenden Unterdrückungen und Bedrohungen durch den Islam verharmlosen oder gar verschweigen!

Speziell in Süditalien und Südfrankreich errichten die Moslems, damals als Sarazenen oder Mauren bekannt, über Jahrzehnte und Generationen Stützpunkte, von welchen aus sie das umliegende Land plündern und ausraubten (das Wort *Razzia* kommt aus dem Arabischen und bedeutet „Raubzug"). Diese Stützpunkte werden erst im 10. Jahrhundert endgültig beseitigt sein. Der letzte davon in der Provence wird 972 zurückerobert.

Dazu kommen die Piraten, welche, von Nordafrika aus, die nächsten 11 Jahrhunderte hindurch die christlichen Küsten heimgesucht haben. Zweck war es, zu rauben und Sklaven zu fangen. Dies endete erst zu Beginn des 19. Jahrhunderts mit der Beschießung und Zerstörung von Algier, dem größten Sklavenmarkt Nordafrikas, im Jahr 1816 und der Seeschlacht von Navarino 1827!

Dem Untergang entging Europa aus drei Gründen.

Der erste ist die Gnade GOTTES.

Der zweite ist die Uneinigkeit der Moslems untereinander. Diese Uneinigkeit, die dazu führte, dass sich die Moslems oft bis aufs Messer untereinander bekriegen, reduzierte ihre Schlagkraft immer wieder. So wurde das weitere Vordringen nach Europa über Spanien nur deshalb nicht erfolgreich, weil sich mit der Umayyadendynastie in Spanien eine relativ eigenständige Dynastie entfaltet hatte, die unabhängig von Damaskus handelte.

Der dritte war das Frankenreich. Im Gegensatz zu Byzanz und dem Sassanidenreich war das Frankenreich ein in sich stabiles Reich, das auch nicht durch jahrzehntelange Kämpfe zermürbt war. Daher konnten die Franken auch nachhaltigen Widerstand leisten und vereinzelt in die Offensive gehen, was den Sassaniden gar nicht und Byzanz nur schlecht gelang.

Durch die übliche Sklaverei konnten Widerstandsnester nachhaltig gebrochen und durch Mission immer mehr Anhänger um einen geschart werden. Was auch leicht war, da Christen ja eine Kopfsteuer zahlen mussten, um unbehelligt zu bleiben. Und auch dann waren sie nur geduldet. Heiden hingegen hatten die Wahl zwischen Konvertierung, Sklaverei oder Tod.

Erst im 10. Jahrhundert kam diese erste Eroberungswelle des Islam zum Erliegen. Der Islam hatte sich gewaltsam von den Säulen des Herakles bis zum Indus ausgedehnt.

712

Der Hl. Rupert gründet das Marienkloster Nonnberg in Salzburg. Es ist das älteste durchgehend bewohnte Frauenkloster der Welt.

Die Orte Bischofshofen und Itzling, beide Salzburg, werden erstmals urkundlich erwähnt.

713

Der Ort Hilbesheim, Elsass, wird urkundlich erstmals genannt.

714

Mit einer Schenkungsurkunde tritt die Abtei Susteren, Niederlande, in das Licht der Geschichte.

Der Hausmeier Pippin II. stirbt und sein Tod löst einen Bürgerkrieg aus. Die Wirren nutzt der Friese Radbod aus, um einen Unabhängigkeitskrieg gegen die Franken zu beginnen.

715

Ganz Friesland ist wieder frei, die Kirchen werden niedergebrannt, Priester und Mönche erschlagen oder vertrieben.

Bitburg, Rheinland-Pfalz, wird erstmalig in einer Urkunde genannt.

716

Die Friesen unter ihrem König Radbod schließen ein Bündnis mit dem Westreich und marschieren bis nach Köln. In der Schlacht von Köln besiegt er die Franken unter Karl Martell und erlangt dadurch die Unabhängigkeit Frieslands zurück.

Die Schlacht von Amblève.

717

Die Schlacht von Vincy und die Eroberung von Köln.

717–25

Plektrudis, die Frau Pippins II., stiftet während ihrer Verbannung in Köln die Kirche St. Maria im Kapitol.

718

Die Schlacht von Covadonga in Nordspanien. Erstmals seit der Eroberung des Westgotenreiches durch die Sarazenen im Jahr 711 gelingt ein christlicher Sieg. Obgleich nur ein lokaler Erfolg, führt er zur Bildung des christlichen Königreiches Asturien. Die Reconquista beginnt.

Die Schlacht von Soissons entscheidet Karl Martell für sich. Damit wird er unangefochtener Herr des Frankenreiches.

Die Reconquista

Reconquista ist spanisch und bedeutet so viel wie Rückeroberung. Sie beginnt mit der Schlacht von Covadonga, welche 718 oder 720 stattfand. Nicht nur war sie der erste christliche Sieg über die Moslems, sondern sie sicherte auch das Überleben des letzten christlichen Territoriums, des späteren Königreichs Asturien. Die Wirkung dieses Dämpfers wurde auch dadurch gesteigert, dass Asturien für Wüstensöhne eine sehr uninteressante Gegend ist. Kalt, gebirgig, unwirtlich und schwer zugänglich war es nicht sehr anziehend, für die Verteidiger allerdings leicht zu verteidigen. Daher ließ man dieses Gebiet einfach links liegen.

Und so begann von dieser abgelegenen Bastion in Nordspanien die Rückeroberung der iberischen Halbinsel.

Der Grund dafür ist Asturien. Der erste König von Asturien, Pelagius, entstammte dem gotischen Hochadel und war aus einer Königsfamilie gebürtig. Auch weiß man, dass viele Christen, Goten wie Romanen, nach dem Norden flohen, um der Fremdherrschaft entgehen zu können. Die äußere Bedrohung wirkte dabei als ein verbindendes Band, da sich Streit untereinander fatal hätte auswirken können.

Warum aber die Reconquista so lange gedauert hat, ist schnell erklärt. Zum einen war das Islamische Reich ein enormer Machtfaktor, und auch seine Nachfolgereiche blieben es für Jahrhunderte. Man sollte also nicht den Fehler machen, das islamische Spanien als isoliert zu betrachten, denn dies war nicht der Fall.

Zum anderen konnten die Christen bis ins Hochmittelalter hinein meistens nur Erfolge feiern, wenn die Sarazenen untereinander im Streit lagen.

Umgekehrt wurden die Moslems immer wieder von nordafrikanischen Dynastien, wie den Almoraviden oder den Almohaden, aktiv unterstützt und vor dem Untergang gerettet.

Aber auch die Kreuzzugsidee brachte den Christen neue Impulse, wie z. B. die Eroberung Lissabons durch die Kreuzfahrer 1147. Bis um etwa 1000 war somit der gesamte Norden Spaniens wieder in christlicher Hand.

Bis ins 11. Jahrhundert hinein dauerte es auch, bis sich die drei christlichen Reiche, die entstanden waren, Aragon, Kastilien und Portugal, einig waren über ihre zukünftige Expansionsrichtung. Entscheidend war hierbei der Sieg in der Schlacht von Las Navas de Tolosa in Südspanien im Jahr 1212. Ab diesem Zeitpunkt waren die Moslems nur mehr in der Defensive. 1251 eroberte Portugal die Algarve und beendete für sich die Reconquista, wodurch ein Reich aus dem Kampf ausschied. Aragon eroberte zwischen 1228 und 1287 das Königreich Valencia und die Balearen und schied ebenso aus der Reconquista aus. So blieb nur mehr Kastilien übrig. 1243 wurde Murcia, 1248 Sevilla erobert.

Die Konsolidierung der Eroberungen, Thronstreitigkeiten und die wiederkehrende Unterstützung aus Nordafrika führten dazu, dass sich Granada halten konnte. Da das Erpressen von Schutzgeld zudem verlockend war, dauerte die Reconquista noch weiter an.

Erst Ferdinand von Aragon und Isabella von Kastilien machten der islamischen Herrschaft ein Ende.

Die Reconquista endete am 1. Jänner 1492 mit der Kapitulation Granadas.

719

Der Hl. Otmer verwandelt die Einsiedelei von St. Gallen in ein Kloster (1805 säkularisiert).

Der König der Friesen, Radbod, stirbt. Mit seinem Tod setzt bald eine Schwächung Frieslands ein und es zerbricht wieder in kleine Teilreiche.

Die Sarazenen erobern Narbonne und Septimanien in Südfrankreich.

Mit dem Goldabbau im Raurisertal, Salzburg, wird begonnen.

720

Karl Martell entsendet Truppen gegen die Friesen, die Friesland bis zum Vlie, Niederlande, erobern.

Der Hl. Korbinian kommt nach Freising.

Egino, 720–802; Bischof von Verona.

721

Die Abtei Prüm, Rheinland-Pfalz (1794 aufgelöst), wird gegründet.

In der Schlacht von Toulouse besiegen die Franken erstmals die Sarazenen.

721-54

Die Mission des Hl. Bonifatius in Germanien.

723

Der Hl. Bonifatius, der Apostel der Deutschen, fällt die Donareiche in Geismar zum Beweis des Unglaubens der Heiden. Die Donareiche war ein heiliger Hain in welchem der germanische Gott Donar wohnen sollte. Die Germanen glaubten fest daran, sollte jemand Hand an die Eiche legen so würde er augenblicklich sterben. Dadurch, dass der Baum gefällt wurde und Bonifatius am Leben blieb konnte er beweisen, dass der Baum „nur" ein Baum war.

Die iro-schottische
und angelsächsische Mission

Sie gehört zweifellos zu den größten Leistungen des Frühmittelalters. Bereits im 6. Jahrhundert ziehen immer wieder Gruppen von iro-schottischen Missionaren nach dem Kontinent. Scotia minor, das kleine Schottland, bezeichnete damals das heutige Schottland, während Scotia maior das heutige Irland bezeichnete. Dies kam daher, dass der irische Stamm der Skoten um 400 nach dem heutigen Schottland auswanderte und dem Land seinen Namen gab.

Geleitet wurden die Mönche dabei von dem Ideal der *Peregrinatio*, der Pilgerschaft auf Lebenszeit, getreu dem christlichen Verständnis, dass der Mensch nur Gast in dieser Welt ist. Mit ihren zahlreichen Klostergründungen waren sie Wegbereiter sowohl des Christentums als auch der Kultur.

Zu ihren wichtigsten Vertretern gehören die Heiligen Kolumban der Jüngere und der Ältere, der Heilige Gallus und die Heiligen Virgil, Emmeram, Killian und Korbinian. Ihr größtes Verdienst war die Mission der Angelsachsen sowie des nördlichen und östlichen Frankenreiches. Dabei gaben sie den bekehrten Gebieten in den Bereichen Astronomie, Buchmalerei und Verwaltung wichtige Impulse. Die iro-schottische Mission entwickelte ihre größte Wirkung zwischen dem 6. und 8. Jahrhundert.

Die angelsächsische Mission war ganz entscheidend vom Ideal der iro-schottischen Mission geprägt worden. Doch im Gegensatz zu ihren Vorgängern konzentrierten sich die Angelsachsen von Beginn an auf ihre Stammverwandten. In der Organisation der deutschen Kirchenprovinzen und dem Aufbau der Bistümer leisteten sie Erstaunliches. Zu ihren wichtigsten Vertretern gehören die Heiligen Bonifatius, Lullus, Lioba, Sola, Suitbert und Willibrord.

Ein weiterer Unterschied lag in der Struktur der Mission. Die iro-schottische Mission war monastisch, also auf Klöster ausgerichtet. Die angelsächsische basierte auf Bistümern. Dies war der Struktur Irlands und Schottlands geschuldet, wo es in jenen Tagen keine Städte und damit auch keine Bistümer in unserem heutigen Sinn gab. Dort übernahmen die Klöster die Aufgaben der Verwaltung und Organisation, bei den Angelsachsen hingegen die Städte und damit die Bistümer.

Aus diesem grundlegenden Unterschied erklärt sich auch, warum die iro-schottischen Missionare dem Kontakt mit Rom nur geringes Gewicht beimaßen, ganz im Gegensatz zu den angelsächsichen. Durch diese unterschiedliche Gewichtung hatten beide Seiten allerdings solch einen großen Erfolg. Beide setzten auf jeweils andere Schwerpunkte und konnten so die Missionsgebiete auf vielfältige Weise unterstützen.

Mit der Zunahme der Akzeptanz des Christentums auf dem Kontinent flaute diese Bewegung im 9. Jahrhundert ab. Doch hatte auch die Wikingerzeit ihren Anteil daran, da viele altehrwürdige Klöster den Raubzügen zum Opfer fielen.

Die angelsächsische Mission erlebte ihre Blüte vom 7. bis 9. Jahrhundert.

724

Gründung des Inselklosters Reichenau im Bodensee (1803 säkularisiert).

Der Hl. Bonifatius gründet die Städte Fritzlar, Hessen, und Ohrdruf, Thüringen.

725

Die Sarazenen fallen in das Frankenreich ein und plündern Lyon und Autun.

Auf dem Domberg in Erfurt gründet der Hl. Bonifatius eine erste Marienkirche.
Das Kloster Benediktbeuern, Bayern (1803 säkularisiert, 1930 wieder besiedelt), wird gegründet.

Vermutlich auf der Reichenau entsteht die *Lex Alamannorum*.

726

Erstmals wird Antwerpen, Belgien, namentlich genannt.

727

Eberhard vom Elsass gründet das Kloster Murbach, Elsass (1791 aufgelöst).

730

In England wird das *Beowulf*-Epos niedergeschrieben. Es ist das älteste Schriftdenkmal der englischen Sprache.

Der Hl. Vitalis stirbt in Salzburg. Als Bischof von Salzburg ist er heute der Patron des Pinzgaus, der Kinder und der Schwangeren.

Paulus Diaconus, 730–800, Mönch und Historiograph.

731

Autun wird erneut von den Moslems überfallen.

731–41

Herzog Odilo von Bayern gründet und errichtet das Kloster Niederalteich (1803 säkularisiert, 1908 wieder besiedelt).

732

Karl Martell besiegt die Sarazenen in der Doppelschlacht von Tours und Poitiers in Zentralfrankreich. Damit wird die akute Bedrohung des Frankenreiches durch die islamische Expansion gebannt.

734

Das Kloster Ettenheimmünster im heutigen Baden-Württemberg wird gegründet (1803 säkularisiert).
Das Kloster Amorbach, Bayern (1803 säkularisiert), wird gegründet.

In der Schlacht an der Boorne besiegen die Franken die Friesen erneut und entscheidend. Alle friesischen Gebiete westlich des Flusses Lauwer werden fränkisch. Das Friesenreich zerbricht in der Folge und löst sich auf.

735

Karl Martell unterwirft das aufsässige Aquitanien und Burgund.

736

An der Stelle des heutigen Klosters Michaelbeuern in Salzburg ist erstmals eine Mönchszelle erwähnt.

737

Nach dem Tod des Merowingers Theuderichs IV. setzt der Hausmeier Karl Martell keinen neuen König aus dem Haus der Merowinger ein und regiert fortan alleine.

In den Schlachten von Avignon und Beere in Südfrankreich werden die Sarazenen erneut zurückgeschlagen.

Baubeginn der Verstärkungen des Danewerks, eines Langwalles zwischen Schlei und Treene in Schleswig-Holstein. Diese gewaltige Grenzanlage sollte die dänische Südgrenze schützen. Die ältesten Teile des Bauwerkes stammen aus der Zeit zwischen 450 und 500.

738

Das Bistum Augsburg, Bayern, wird wiedererrichtet.

739

Der Hl. Bonifatius ordnet die bayrische Kirche und erhebt Salzburg offiziell zum Bistum. In Salzburg regiert, der irischen Gewohnheit gemäß, der Bischof weiterhin auch als Abt des Klosters St. Peter.
Passau, Freising und Regensburg werden ebenfalls zu Bistümern erhoben.

Ebenso wird der Zillerfluss als Grenze zwischen den Bistümern Salzburg und Säben festgelegt.

740

Das Kloster Neustadt am Main in Bayern wird gegründet (1803 säkularisiert, 1961 wieder besiedelt).

Zell am See, Salzburg, wird als Ort gegründet.

Der Ort Ostermiething, Oberösterreich, findet erstmals Erwähnung.

Arn von Salzburg, 740–821; Erster Erzbischof von Salzburg.

741

Der Hl. Kilian gründet das Bistum Würzburg, Bayern.
Das Kloster und Bistum Eichstätt, Bayern, wird gegründet.

Der Ort Heilbronn, Baden-Württemberg, findet erstmals in einer Urkunde Erwähnung.

Nach dem Tod Karl Martells wird Childerich III. als letzter Merowinger zum König der Franken erhoben.

Tassilo III. 741–814; Herzog von Bayern.

742

Nach dem Tod Karl Martells im Vorjahr kommt es zu erneuten Unruhen in Alemannien. Die Franken marschieren daraufhin im Land ein. Die Alemannen werden erneut unterworfen.

Karl der Große, 742–814; Kaiser von Rom, König der Franken und Langobarden.

743

Bayern erhebt sich gegen die fränkische Oberherrschaft. Herzog Odilo erleidet am Lech eine schwere Niederlage gegen die Franken und muss deren Oberherrschaft erneut anerkennen.

Erfurt, Thüringen, wird erstmals schriftlich erwähnt.
Zell am See, Salzburg, wird erstmals als Cella in Bisoncio erwähnt.

Widukind, 743–807; Sächsischer Freiheitskämpfer.

744

Der Hl. Bonifatius gründet das Kloster Fulda, Hessen.

745

Der Ort Adnet, Salzburg, wird zum ersten Mal namentlich genannt.

746

Die Alemannen erheben sich ein letztes Mal, werden aber besiegt. In der Folge kommt es zum Blutgericht von Cannstadt. Auf ihm wurden die Rädelsführer und deren Unterstützer zum Tode verurteilt und hingerichtet. Das alemannische Herzogtum wird nicht wiedererrichtet und erlischt. Als Rechts-, Sprach- und Kulturlandschaft wird es überdauern und zur Keimzelle des Herzogtums Schwaben werden.

Der Hl. Virgil wirkt in Salzburg.

St. Virgil von Salzburg

Die Leistungen des Hl. Virgil stehen denen des Hl. Rupert in nichts nach. Geboren im Jahr 700 erhielt er in irischen Klöstern eine hervorragende Ausbildung, welche ihn erst zu seinen späteren Leistungen in Salzburg befähigte.

Als irischen Mönch zog es Virgil, der wohl einem irischen Königsgeschlecht entstammte, im Sinne der Peregrinatio, der Pilgerschaft, auf den Kontinent. Einen ersten Nachweis von ihm finden wir im Jahr 743, als er an den Hof des Hausmeiers Pippins III. kam. Er empfahl Virgil dem Bayernherzog Odilo, der ihn als geistlichen Berater anstellte.

Und so kam Virgil 746 nach Salzburg, wo er zunächst Abt von St. Peter wurde. Als solcher übte er nach irischem Vorbild die weltlichen Aufgaben aus, während sein Gefährte Dodagrecus als Bischof den geistlichen Aufgaben nachging. Da dies allerdings den Unmut des Hl. Bonifatius auf sich zog, musste sich Virgil fügen und sich 749 zum Bischof weihen lassen.

In seinem neuen Bischof fand das junge Salzburg einen schöpferischen Geist ersten Ranges.

So bemühte er sich konsequent, den Besitzstand des Bistums zu erhalten und entwendetes Gut zurückzuführen. Dabei scheute er auch nicht vor Konflikten mit dem Adel oder der Herzogsfamilie selbst zurück. Es gelang ihm auch, durch manches Tauschgeschäft die Besitzungen, die teilweise weit verstreut waren, immer weiter zu zentrieren. In Zeiten ohne Autobahn und Handy ein klarer Pluspunkt. Rigoros nutzte er die verfügbaren Mittel und baute das Seelsorgenetz Stück für Stück aus. Bei seinem Tod verfügte das Bistum bereits über 67 Filialklöster und -kirchen.

So dürfte es auch kein Zufall sein, dass es der Hl. Virgil war, der den Grundstein für den ersten Salzburger Dom legte. Mit seinen 66 Metern Länge war dieser Dom in etwa so groß wie die fränkische Krönungskirche in St. Denis!

Aber auch in der weiteren Mission machte er von sich reden, als er 755 seinen Gefährten Modestus nach Maria Saal in Kärnten schickte. Als Chorbischof wirkte er hier bei der Mission mit, welche in den folgenden Jahrzehnten auch erfolgreich abgeschlossen werden konnte.

Abgerundet wird das Bild seiner Leistungen durch Kunstwerke wie das Verbrüderungsbuch von St. Peter oder den Tassilokelch. Beide bezeugen auf eindrucksvolle Art und Weise den hohen künstlerischen Rang des jungen Landes.

Berühmt wurde der Hl. Virgil auch durch seine Streitigkeiten mit dem Hl. Bonifatius, die erst durch päpstlichen Schiedsspruch gelöst werden konnten. Dabei ging es um die sogenannte Antipoden-Theorie. Im Gegensatz zu den kirchenfeindlichen Geschichtsfälschungen der Moderne war es im Mittelalter den Menschen sehr wohl bewusst, dass sie auf einer Kugel leben. Was man sich allerdings nicht erklären konnte, war, wie Menschen auf der unteren Seite der Erde leben könnten. Man stellte sich diese Menschen so vor, dass sie statt Armen Beine und statt Beinen Arme hätten. „Antipode" bedeutet nämlich „Gegenfüßler". Dabei stand nicht zur Debatte, dass die Erde eine Kugel sei, nein! Was Bonifatius kritisierte, war die Existenz der Antipoden, welche man sich nicht erklären konnte. Man dachte, diese würden wohl einfach „runterfallen", da man von der Erdanziehungskraft keine Ahnung hatte.

Leider ist das Antwortschreiben des Papstes verloren gegangen. Da Virgil jedoch in Amt und Würden verblieb, kann es so negativ nicht ausgefallen sein.

774 krönte St. Virgil sein Lebenswerk mit der Weihe des ersten Salzburger Domes, in dessen Krypta er den Hl. Rupert beisetzen ließ. 784 starb der Hl. Virgil und wurde ebenso im Dom bestattet. Sein Grab geriet jedoch in Vergessenheit und wurde erst 1181 wieder entdeckt.

1233 wurde er heiliggesprochen.

747

Pippin III. zieht gegen die Sachsen.

748

Die Orte Düren, Nordrhein-Westfalen, Laufen, Bayern, und der Haunsberg, Salzburg, werden erstmals genannt.

Joseph von Freising, 748–64; Bischof von Freising.

Um 750

Das Kloster Tegernsee in Bayern wird gegründet.

Die Friedhofskirche St. Severin in Passau, Bayern, entsteht.

Benedikt von Aniane, um 750–821; Reformator.

Der Merowinger Childerich III. wird als König abgesetzt und ins Kloster verbannt. Der Karolinger Pippin III. wird neuer König der Franken.

Das Kloster Fulda, Hessen, wird exemt. Exemt bedeutet, es wurde direkt dem Papst unterstellt und der Bischof war nicht mehr länger zuständig.

Das karolingische Frankenreich

Das karolingische Frankenreich, benannt nach der Herrscherfamilie der Karolinger, konnte noch einmal für gut ein Jahrhundert die Teilkräfte des Großreiches vereinen. Möglich wurde dies dadurch, dass die Teilreiche von Pippin III. bis zu Ludwig dem Frommen zwar noch bestanden, jedoch keinen eigenen Herrscher mehr besaßen. Die Zentralgewalt band durch den einen Herrscher alle Teile an diesen. Denn gerade die Reichsteilungen waren ja stets das große Problem der Merowinger gewesen.

Zur Machtübernahme kam es im Wesentlichen durch zwei Bedingungen: Erstens waren die Merowinger im Lauf der Zeit zu Schattenherrschern geworden und konnten nur mehr wenig Einfluss auf ihr jeweiliges Reich ausüben. Da durch die Teilungen der Einflussbereich sowieso schon stark eingeschränkt war, konnte man auch bei Problemen jedweder Art nur begrenzt reagieren.

Auch waren viele Herrschaftspraktiken und Symbole des Hauses, welche aus dem 5. und 6. Jahrhundert stammten, im 8. Jahrhundert völlig unverständlich geworden.

Der zweite Punkt hängt mit dem ersten zusammen: die Macht des Adels. Je mehr Macht die Zentralgewalt verlor, desto mehr

Macht bekamen die Teilkräfte. Was oft auch bitter nötig war, wenn es beispielsweise galt, das Gesamtreich zu verteidigen. Doch führte das auch zu vielen Bürgerkriegen.

In Summe kann man sagen, dass die neue Dynastie einen Missstand beseitigte und vollendete Tatsachen schaffte. Gerade die doppelte Bedrohung aus Sarazenen und Awaren konnte nicht auf Dauer hingenommen werden. Durch den Schiedsspruch des Papstes, der entschied, dass der Würdigste herrschen sollte, gestärkt, ging Pippin daran, den alten König abzusetzen.

Die letzten Merowinger wurden geschoren und ins Kloster verbannt, bezeichnenderweise eine Vorgehensweise, die den Merowingern selbst nie in den Sinn gekommen wäre.

Die enormen Entwicklungsschübe wurden dann in der Folge dadurch möglich, dass es lange Zeit nur einen Herrscher gab. Da somit das leidige Gerangel um Macht und Einfluss ein Ende fand, konnte sich das etablieren, was man heute als Karolingische Renaissance bezeichnet.

Doch auch die Karolinger schafften es nicht, das Reich dauerhaft zusammenzuhalten. Dies hatte hauptsächlich drei Gründe:

Der erste war, wie schon bei den Merowingern, das Problem der Reichsteilung, das mit den Söhnen Ludwigs des Frommen erneut begann. Dadurch wurde die Position des Kaisers entscheidend geschwächt.

Zweitens die nun dreifache Bedrohung aus Sarazenen und Arabern im Süden, Wikingern im Norden und Ungarn im Osten. Dadurch waren die neuen Teilreiche ständig im eigenen Land gebunden und konnten den anderen Teilen kaum bis gar nicht helfen. Was natürlich die Zentralgewalt, und damit den Kaiser selbst, in einem schlechten Licht erscheinen ließ.

Der dritte Grund liegt darin, dass das Karolingerreich mehr noch als das Merowingerreich ein Vielvölkerstaat war. Schon aus der Zeit der Merowinger ist bekannt, dass sich Austrien, Neustrien und Aquitanien als eigenständige Teilreiche verstanden, die sich dagegen verwehrten, neu aufgeteilt zu werden. Diese Tendenzen waren im 9. Jahrhundert endgültig in Stein gemeißelt. Franzosen und Deutsche stellten dabei ja „nur" den Großteil der Bevölkerung. Doch daneben existierten auch die Flamen, Holländer, Aquitanier mit ihrer eigenen Sprache Okzitanisch, die Provenzalen, ebenfalls mit einer eigenen Sprache, erste Italiener und auch noch Langobarden oder Rätoromanen. Sie alle sahen sich zwar als Teil des Gesamtreiches, waren jedoch auch auf ihre Selbstständigkeit bedacht.

Das Jahr 840 veranschaulicht das besonders gut, als der Adel der jeweiligen Reichsteile bei der Neuaufteilung darauf bestand, dass die alten Teilgrenzen unangetastet blieben.

In den Jahren 879–80 trugen die Karolinger dieser Entwicklung Rechnung und teilten das Großreich in drei Teile auf, die fortan von einer eigenen Dynastie regiert werden sollten. Die Kaiserwürde sollte dabei dem jeweils Ältesten zukommen.

Die enormen Bedrohungen und Zerstörungen dieser Zeit machten es für die folgenden Kaiser jedoch tatsächlich unmöglich, dieser Schutzverpflichtung nachzukommen. Auf diese Art wurden die Teilreiche immer mehr auf sich selbst zurückgeworfen.

887 starben die Karolinger bereits in Italien aus, was das Ausscheiden dieses Reichsteiles aus dem Gesamtreich zur Folge hatte. Im Jahr darauf schied auch Hochburgund, das rechtlich gesehen zu Italien gehörte, aus. Zwar wurde vor allem um Italien noch lange gerungen, doch konnte es nicht mehr dauerhaft in das Gesamtreich integriert werden.

911 starben die Karolinger in Ostfranken aus. Mit Konrad I. wurde zwar noch einmal ein Franke zum König gewählt, doch eine Rückkehr zu alten Verhältnissen war nicht mehr möglich. 919 wurde Heinrich, Herzog von Sachsen, zum neuen König gewählt. Ostfranken schied aus dem Gesamtverband aus und das Deutsche Reich war geboren.

In Westfranken konnten sich die Karolinger am längsten behaupten. Doch als im Jahr 987 dort ebenfalls die Dynastie ausstarb, wurde mit Hugo Capet nicht nur eine neue Herrscherfamilie begründet, sondern es war auch ein neues Land entstanden, Frankreich.

752

Emmeram von Regensburg, gestorben 752; Märtyrer und Bischof von Regensburg.

753/54

Das *Constitutum Constantini*, die Konstantinische Fälschung entsteht.

754

Papst Stephan II. besucht Pippin III. Dieser verspricht dem Papst Schutz und Hilfe gegen äußere Feinde. Im Gegenzug nimmt Pippin den Titel *Patricius Romanorum*, Schutzherr der Römer, an. Damit übernimmt er die weltliche Oberhoheit und Schutzverpflichtung über den späteren Kirchenstaat, welche bis dahin der oströmische Kaiser ausgeübt hatte.

755

Die Franken belagern und erobern Ravenna.

756

Die Langobarden belagern Rom. Pippin III. zieht erneut nach Italien und zwingt die Langobarden, einerseits die Belagerung aufzugeben und andererseits die fränkische Oberhoheit anzuerkennen. Durch die Rückgabe strittiger Gebiete kommt es zur Pippinischen Schenkung, welche die Konstantinische Schenkung bestätigte. Der Kirchenstaat, das Patrimonium Petri, ist gegründet.

758

Pippin III. zieht erneut gegen die Sachsen.

759

Die Franken erobern Narbonne in Südfrankreich von den Sarazenen zurück.

760

Das Kloster Altomünster wird gegründet (1803 säkularisiert, 1842 wieder errichtet).

762

Das Kloster Schäflarn, Bayern (1803 säkularisiert, 1845 wiederbesiedelt), wird gegründet.

Der Ort Braunau, Oberösterreich, wird erstmalig genannt.

763

Auf dem vierten Aquitanienzug Pippins III. verlässt Herzog Tassilo III. eigenmächtig das Heeresaufgebot. Pippins Sohn Karl wird ihm später in Ingelheim dafür den Prozess machen und ihn entmachten.

764

Das Kloster Lorsch, Hessen (1564 aufgehoben), wird gegründet.

Das *Abrogans* entsteht. Es ist das älteste deutsche Buch überhaupt. Bei ihm handelt es sich um ein deutsch-lateinisches Wörterbuch. Man muss also um diese Zeit von einer voll ausgebildeten deutschen Sprache rechnen.

764–814

Das Kloster Ellwangen, (1460 in ein Chorherrenstift umgewandelt, 1803 säkularisiert) Baden-Württemberg, wird gegründet.

765

Das Stift Mattsee, Salzburg, (in den Franzosenkriegen säkularisiert, 1840 wieder errichtet), wird von Tassilo III. gegründet.

Die Stadt Aachen, Nordrhein-Westfalen, wird als *Aqua villa* erstmals urkundlich erwähnt.

Arbeo, 765–83; Bischof von Freising.

Karl der Große

Es gibt Persönlichkeiten in der Geschichte, über die man verschiedener Meinung sein kann. Man kann sie auch gerne als Symbolfigur für Verschiedenes ansehen. Man kann das auch übertreiben. Ein solcher Fall liegt bei Karl dem Großen vor. Er wird ja heute gerne als „Vater Europas" angesehen. Was schon eine, sagen wir mal kleine Übertreibung darstellt. Europa ist ein Kontinent. Und ich habe noch nicht gehört, dass er einen ganzen Kontinent gebaut hätte.

Wenn, dann ist er der Vater des Abendlandes. Nicht des Westens und schon gar nicht der EU (was ja aufgrund der offenen Gottlosigkeit eigentlich ein Witz ist), was damit ja suggeriert wird. Europa gab es schon lange, bevor es das Abendland gab, und es wird noch lange da sein, wenn der Westen nur mehr durch die Geschichtsbücher hallt.

Daher würde ich dafür plädieren, weniger Politik und mehr Historie walten zu lassen.

Karl wurde 742 in Prüm in der Eifel geboren. Als sein Vater Pippin 768 starb, wurde das Frankenreich zwischen ihm und seinem Bruder Karlmann aufgeteilt. So, wie es die fränkische Tradition vorsah. Als Karlmann 771 stirbt, wird Karl Alleinherrscher.

772 beginnt Karl seinen Feldzug gegen die Sachsen. Dieser Kleinkrieg wird fast 30 Jahre währen und bis 810 immer wieder aufflammen. Um diesen Konflikt zu verstehen, ist es gut und ratsam, sich die Geschichte der Franken und Sachsen anzusehen. Als Karl seine Eroberung Sachsens begann, bekriegten sich die beiden Stämme bereits seit mehr als 300 Jahren! Die Sachsen waren es auch, welche die Franken überhaupt erst nach dem Römischen Reich gebracht hatten. Als sich die Franken als Föderaten im Römischen Reich niederließen, taten sie das als Flüchtlinge vor den Sachsen! Das erklärt dann wohl auch die Verbitterung, mit der dieser Konflikt geführt wurde. Die Absicht Karls kann es durchaus gewesen sein, das sächsische Problem ein für alle Mal zu lösen, notfalls mit nackter Gewalt. Die Missionierung dürfte da wohl eher ein Feigenblatt gewesen sein.

Doch Karl blieb in dieser Zeit nicht untätig. 774 unterwarf er das Langobardenreich in Italien und nahm den Titel eines *rex langobadorum*, eines Königs der Langobarden, an.

Auch hier gilt es, den Kontext nicht aus den Augen zu verlieren. Die langobardischen Könige stritten sich schon immer mit den Päpsten um die Macht in Italien. Dies kam daher, dass der eigentliche Schutzherr Italiens, Byzanz, nicht in der Lage war, für Ruhe zu sorgen. So hatten die Päpste sich an die einzige Macht gewandt, die ihnen verblieben war, die Franken. In dieser Funktion untewarf Karl das langobadische Reich in Italien.

Einem weiteren Feldzug, dem gegen die Sarazenen im Jahr 778, verdankt die Literatur das Rolandslied.

Das Herzogtum Bayern verlor788 seine Unabhängigkeit. Karl ließ den letzten Herzog der Agilolfinger, Tassilo III. absetzen und zum Klostertod verurteilen. Um das Land aber dauerhaft an das Frankenreich binden zu können, ließ er auch seine ganze Familie ins Kloster „werfen". Das hatte seinen Grund darin, dass das bayrische Stammesrecht vorsah, das immer ein Mitglied aus der Familie der Agilolfinger Herzog sein müsste. Stirbt die Familie aus, kann der Franke frei bestimmen. Dazu kam noch, dass Tassilo mit einer langobardischen Prinzessin verheiratet war. Somit wäre sein Sohn als Erwachsener der legitime Thronfolger Bayerns und des Langobardenreiches gewesen!

Zwischen 791 und 808 zerstörte Karl das Awarenreich in der ungarischen Tiefebene. Nach mehreren Feldzügen wurde ein großer Teil Pannoniens als Teil Bayerns ins Frankenreich integriert.

Den Höhepunkt seiner Macht erlebte Karl der Große am Weihnachtstag des Jahres 800 mit seiner Kaiserkrönung in Rom. Damit war nach 324 Jahren das westliche Kaisertum erneuert worden. Byzanz anerkannte jedoch erst im Jahr 812 diese Kaiserkrönung.

Karl der Große starb 814 und wurde in seiner Lieblingspfalz Aachen begraben. 1156 wurde er auf Betreiben Kaiser Friedrich Barbarossas heiliggesprochen.

So weit das Äußere.

Doch auch im Inneren entwickelte Karl eine ungekannte Tätigkeit.

So ordnete er mit seiner Münzreform das Geldwesen neu. Mit der karolingischen Minuskel schaffte er eine einheitliche Schreibweise der Buchstaben. Die Königsgüter wurden neu geordnet und die Lebensführung des Klerus neu geregelt. Auch förderte er Bistümer und Klöster, so gut er konnte, um das Land entwickeln und kultivieren zu lassen.

Den Grundstein für das Rittertum legte Karl der Große, indem er durch eine Heeresreform die Panzerreiter, die schwere Kavallerie, zur Hauptstreitmacht in seinem Heer machte.

Auch architektonisch setzte er Zeichen, wie die Pfalzkapelle in Aachen und die *fossa carolina* zeigen. Und um dem Gesetz die Ehre zu geben, ließ er alle Stammesrechte aufzeichnen.

Auf den unterschiedlichsten Gebieten suchte Karl danach sein Reich voranzubringen und zu stärken. Die Bezeichnung dieser Bestrebungen als Karolingische Renaissance ist daher mehr als gerechtfertigt.

Doch wo Licht ist, ist auch Schatten.

Und so zählen sein Umgang mit den Sachsen oder Tassilo III. nicht gerade zu seinen Lorbeeren. Gerade die Sachsenkriege wurden am Anfang mit großer Härte geführt. Was Karl oft Kritik an seinem predigen mit eiserner Zunge einbrachte, wie sein Biograph Einhard es formulierte.

Doch zeigt sein Umgang mit den Awaren und Slawen, dass er aus seinen schweren Fehlern in Sachsen gelernt hatte. Als Beispiel sei hier der Slawenzehnte in Kärnten genannt.

Trotz all seiner Bemühungen konnte das Reich die unterschiedlichen Völker und Länder nicht auf Dauer an sich binden. Zu groß war es geworden und zu stark die zentrifugalen Kräfte, zu stark die unterschiedlichen Interessen, aber auch die unterschiedlichen Bedrohungen.

Eben weil sein Erbe nicht von Dauer war, wurde es zum Mythos und damit er selbst.

766

Das Kloster Metten (1803 säkularisiert, 1830 wieder errichtet) wird in Bayern gegründet.

767

Mit der Aufzeichnung des Lorscher Codex wird begonnen.

768

Der Ort Lamprechtshausen, Salzburg, wird erstmals genannt.

769

In Hessen wird das Kloster Hersfeld gegründet (1606 aufgehoben).

769/70

Das *Concillium Dingolfingense*, die Synode von Dingolfing, ist die erste verbürgte Synode in Bayern überhaupt. Zugleich ist es die erste Nennung des Ortes Dingolfing.

Herzog Tassilo III. von Bayern gründet das Kloster Innichen in Tirol.

770

Erstmals wird das antike *Iuvavum* mit seinem deutschen Namen Salzburg genannt. Der Name leitet sich von den Salzrechten des Erzbischofs in Reichenhall und der Burg auf dem Festungsberg her.
Einhard, 770–840; Geschichtsschreiber und Biograph.

771

Karlmann, der Bruder Karls des Großen, stirbt unerwartet. Dadurch erbt Karl seinen Reichsteil und wird Alleinherrscher des Frankenreiches.

Der Ort Rottweil in Bayern wird erstmals genannt.

772–805

Die Sachsenkriege Karls des Großen.

Die Sachsen

Der Name leitet sich vom Sax ab, einem einseitig geschliffenen Kurzschwert, das typisch für diesen Stamm war.
Die Sachsen als Stamm entstehen wohl im 3. Jahrhundert. Seit ca. 250 kam es immer wieder zu Raubzügen germanischer Seeräuber, die Britannien und den Norden Galliens ins Visier nahmen. Diese kamen aus dem heutigen Niedersachsen und Dänemark.
Aus diesem Grund begannen die Römer ab ca. 300 mit der Errichtung des *Litus Saxonicum*, der Sachsenküste. Diese

bildete eine aus Heereslagern und Flottenstützpunkten bestehende Verteidigungslinie in Britannien und entlang des Ärmelkanals.

Ob nun die Sachsen bereits als Stamm bestanden, als die Raubzüge begannen, oder im Zuge dieser entstanden, ist nicht mehr zu entscheiden. Fakt ist jedenfalls, dass sie zu den sogenannten Nordseegermanen, welche in Dänemark und Schleswig siedelten, gehörten. Namentlich genannt wurden die Sachsen erstmals im Jahr 356.

Was man jedoch sagen kann, ist, dass sich die älteren Stämme der Chauken, Angrivarier und Cherusker mindestens in Teilen zu diesem neuen Stamm zusammenschlossen. Wie auch bei anderen Stämmen üblich, blieb dieser nicht nach außen abgeschlossen. Andere Völkersplitter wurden immer wieder in den Stamm neu aufgenommen.

Das ursprüngliche Siedlungsgebiet lag im nördlichen Niedersachsen und in Holstein. Im Zuge der Völkerwanderung drang dieser neue Stamm weiter nach Süden und Südosten vor. Vor allem bei ihrem Vordringen über die Weser Richtung Rhein kam es zu lang andauernden und erbitterten Konflikten mit den sich formierenden Franken.

Um das Jahr 530 herum erreichten sie dann schließlich über das heutige Münsterland den Rhein und gelangten bis ins Sauerland. Mit dem Fall des Thüringerreiches konnten sie sich den nördlichen Teil desselbigen sichern, der Harz wird neue Grenze zwischen beiden Stämmen. Womit sie ihre größte territoriale Ausdehnung erlangten.

Allerdings scheinen die Sachsen damals schon unter einer Art Oberhoheit der Franken gestanden zu haben. Zumindest gibt es vereinzelte Berichte von Aufständen der Sachsen und von Tributzahlungen an die Franken. Wie diese Berichte zu deuten sind und wie diese etwaigen Hoheitsverhältnisse zustande gekommen sind, ist nicht endgültig zu klären.

In ihrer inneren Struktur stellten die Sachsen eine Ausnahme dar, da sie von der Völkerwanderung nahezu unberührt blieben. Dadurch erhielt sich bei ihnen eine altgermanische Ordnung, die es außerhalb Skandinaviens kein zweites Mal gab.

Frei nach Cäsar könnte man sagen: „Saxonia est omnis divisia in partres tres" – Ganz Sachsen ist in drei Teile geteilt (Gaius Julius Cäsar. Der gallische Krieg. Übersetzt und erläutert von Curt Woyte. Reclam Universal Bibliothek. Stuttgart. 1951.): Westfalen, Engern (nach den Angrivariern) und Ostfalen.

Diese drei Großräume wiederum unterteilten sich erneut in kleinere Sippen und Teilstämme. Es bestand so etwas Ähnliches wie eine Gauverfassung, wobei jedem Gau ein Adeliger vorstand.

Diese „Gaufürsten" trafen sich einmal im Jahr in dem zentralen Ort Marklo. Wo dieser Ort lag, ist heute nicht mehr bekannt. Man weiß im Prinzip nur, dass er im zentralen Engern lag. Bei diesem Thing wurde bei Bedarf ein militärischer Oberbefehlshaber gewählt. Als Thing wurden dabei alle Arten von Versammlungen bezeichnet. Ansonsten lebten die Sachsen nach einem föderalen Prinzip ohne Königsherrschaft. Wohl ab dem 7. Jahrhundert dürfte es Herzöge als gewählte oberste Landesherren gegeben haben. Was auf fränkischen Einfluss zurückzuführen sein dürfte.

Durch die exklusive Randlage geschützt entstand mit Altsächsisch bzw. dem heutigen Niederdeutsch eine eigene Sprache, die nur langsam von der Lautverschiebung beeinflusst wurde.

Das Ende der sächsischen Selbstständigkeit kam im Jahr 772. Über die Gründe lässt sich nur spekulieren. Den Regionalgewalten zugunsten der Zentralgewalt Einhalt zu gebieten, dürfte allerdings ein sehr starker Antrieb gewesen sein.

Allerdings entwickelten sich die Sachsenkriege zu einem Unikum. Im Gegensatz zu den anderen Gebieten war Sachsen ein heidnisches Land mit einer sehr schwachen Zentralgewalt. Der Krieg radikalisierte sich daher hauptsächlich deshalb, weil zwei völlig unterschiedliche Welten aufeinanderprallten. Erst mit der Unterwerfung von Nordalbingien (in etwa das heutige Holstein) im Jahr 804 endete die Gewalt und Sachsen wurde ein Teil des Frankenreiches.

Aufgrund seiner inneren Geschlossenheit sollte das als Letztes eingegliederte Sachsen später noch eine außergewöhnliche Rolle in der Geschichte der Deutschen spielen.

772

Feldzug der Franken gegen die Sachsen. Die Eresburg in NRW wird erobert und die Irminsul, ein zentrales germanisches Heiligtum, zerstört. Gleichzeitig ist es die erste Nennung des Ortes Eresburg überhaupt.

Herzog Tassilo III. besiegt die Karantanen. Das nach ihnen benannte Carantanien, das heutige Kärnten, wird Teil Bayerns.

773

Papst Hadrian I. ruft König Karl zu Hilfe gegen die Langobarden. Karl zieht daraufhin nach Italien und belagert König Desiderius in Pavia.

774

Der erste Dom wird in Salzburg geweiht.

Die Abtei Kempten in Bayern wird gegründet (1803 säkularisiert).
    Auf der Synode von Neuching wird festgelegt, dass alle Bischofssitze eine angeschlossene Schule unterhalten müssen.

Karl der Große zwingt Desiderius, auf den Thron zu verzichten, und nennt sich fortan König der Langobarden, nachdem er in Pavia gekrönt wurde.

775

Der zweite Feldzug der Franken gegen die Sachsen. Die Sigiburg in NRW wird erobert.

Der Ort Gotha, Thüringen, wird erstmals urkundlich erwähnt.

Das Glossar *Vocabularis Sancti Galli* entsteht.

775–85

Der Sachse Widukind organisiert den Widerstand gegen die fränkische Herrschaft.

776

Wels, Oberösterreich, und die Burg Wels finden erstmalig Erwähnung.

777

Die Sachsen fallen in Hessen ein und zerstören Fritzlar.

Herzog Tassilo III. gründet Kremsmünster in Oberösterreich.

778

Die Wirren unter den Arabern nutzend, zieht Karl über die Pyrenäen und erobert Pamplona. In der Folge wird die Spanische Mark errichtet, welche als Keimzelle für das spätere Königreich Aragon dient.

Ludwig der Fromme, 778–840; Römischer Kaiser, König der Franken.

779

In der Schlacht von Bocholt in NRW besiegen die Franken die Sachsen. Zugleich ist es die erste Nennung des Ortes.

Ingersheim in Baden-Württemberg wird erstmals erwähnt.

780

Mit der Einführung der karolingischen Minuskel wird begonnen. Hierbei handelte es sich um eine Schrift, die nur aus Kleinbuchstaben bestand und die Schreibweise im ganzen Frankenreich schließlich vereinheitlichte.

Hrabanus Maurus, 780–856; Abt von Fulda.

781

Der Hl. Lullus wird zum ersten Erzbischof von Mainz bestellt.

782

Die Sachsen wehren einen erneuten fränkischen Einfall ab und siegen in der Schlacht am Süntel in Niedersachsen.

Das Blutgericht von Verden.

Das *Capitulare de partibus Saxoniae* wird erlassen. Es legte ein sehr strenges Besatzungsrecht fest, das für fast alle Übergriffe die Todesstrafe vorsah.

783

Der Tassilokelch wird in Salzburg vollendet. Es ist der älteste erhaltene Messkelch der Welt und wurde von Tassilo III. in Auftrag gegeben. Heute dient er dem Stift Kremsmünster noch zur Abtwahl.

Als Schlachtort zwischen Franken und Sachsen wird erstmals der Ort Detmold genannt.

Südlich von Osnabrück kommt es zur Entscheidungsschlacht zwischen Karl und Widukind. Nach dreitägiger Schlacht siegt Karl, Widukind zieht sich geschlagen auf seine Burg zurück.

An der Hofschule Karls des Großen entstehen der Dagulf-Psalter und das Godescalc-Evangeliar.

783–803

Die *Annales Laureshamenses*, die Lorscher Annalen, entstehen im Kloster Lorsch, Hessen.

784

Der Ort Köstendorf in Salzburg wird erstmals genannt.

Das Verbrüderungsbuch von St. Peter in Salzburg entsteht.

Erzbischof Arn von Salzburg

Arn wurde um 740 in der Diözese Freising geboren. 776 in Freising zum Priester geweiht, trat er zwei Jahre später in das Kloster St. Amand im heutigen Belgien ein, wo er 782 zum Abt bestellt wurde.

Als der Heilige Virgil 784 starb, wurde Arn im darauffolgenden Jahr zu seinem Nachfolger bestellt. Bereits drei Jahre später verhandelte er in Rom mit Karl dem Großen vergebens um Gnade für Herzog Tassilo III.

Seit 791 ist Arn auch als ein *missus dominicus*, als „Königsbote", nachgewiesen. Diese waren Amtsträger, die das Vertrauen des Königs genossen und mit wichtigen Aufträgen unterwegs waren. Auch nahm er 791 und 796 an den Awarenfeldzügen der Franken teil. Auf ausdrücklichen Wunsch Karls des Großen wurde Arn am 20. April 798 zum Erzbischof erhoben und Salzburg Metropolitansitz der Kirchenprovinz Bayern. 799–801 weilte er in Rom, wo er der Kommission angehörte, welche die Vorwürfe gegen Papst Leo III. zu untersuchen hatte. Auch bei der Kaiserkrönung Karls war er in St. Peter anwesend. Zwischen 802 und 807 regierte er interimistisch das Herzogtum Bayern. Erst als Kaiser Karl 814 starb, zog sich Arn aus der Reichspolitik zurück.

Durch die Sammlung der Alkuinbriefe und das Kopieren von Büchern legte Arn den Grundstein für die Bibliothek von St. Peter, die älteste Österreichs. 80 Handschriften aus seiner Zeit, darunter das Salzburger Calendar, sind ein beredtes Zeugnis für die Aufbauarbeit des Erzbischofs. Dank der *Notitia Arnonis* (um 790) und der *Breves notitiae* (798), den ältesten Salzburger Güterverzeichnissen, sind wir über den Besitzstand des Erzstiftes sowie seiner Frühgeschichte bestens unterrichtet. Viele Orte im bayrisch-österreichischen Raum werden in diesen Dokumenten das erste Mal genannt.

Auf Arn ging auch die Gründung der Domschule zurück, um den Priesternachwuchs zu sichern, da Salzburg mit Kärnten und

Pannonien damals ein großes Missionsgebiet übertragen bekommen hatte. Es ist klar, dass sich hier Bibliothek und Schule bestens ergänzten. So konnte er bereits 785 einen eigenen Missionspriester namens Ingo mitsamt 13 Gefährten nach Kärnten schicken, die dort bis 796 wirkten.

Nachdem Salzburg ein großes Gebiet zwischen Donau, Drau und Raab 796 als Missionsgebiet zugewiesen wurde, begab er sich, nach seiner Erhebung zum Erzbischof, zur Mission dorthin. Aber schon 799 weihte er einen Theoderich zum Chorbischof, was den Erfolg der Mission aufzeigt, und kehrte nach Salzburg zurück. Auf Anraten Alkuins führte er den „Slawenzehnten" ein. Dieser war ein deutlich geringerer Zehnt, um Unruhen zu vermeiden – eine Lehre aus der Sachsenmission!

Als der Präfekt von Bayern 802 im Kampf gegen aufständische Awaren fiel, dürfte es wohl Arn gewesen sein, welcher bis 807 Bayern als „Statthalter" regierte.

811 unterschrieb er nach den Erzbischöfen von Köln und Mainz an dritter Stelle das Testament Karls des Großen. 813 leitete er zusammen mit diesen beiden und dem Bischof von Worms die Reformsynode von Mainz.

Erst als Kaiser Karl 814 starb, schied auch Arn aus der Reichspolitik aus. Im hohen Alter von 80 Jahren starb der erste Erzbischof von Salzburg am 24. Jänner 821 in Salzburg.

785

Widukind kapituliert vor den Franken und lässt sich taufen.

786

Der Ort Hechingen, Baden-Württemberg, wird erstmalig genannt.

787

Das II. Konzil von Nicäa tagt.

787–89

Auf einem befestigten Dünenhügel entstehen der erste Dom und Bischofssitz von Bremen.

788

In der Anklageschrift gegen Herzog Tassilo III. im Prozess von Ingelheim wird erstmals eine deutsche Sprache erwähnt.

Saalfelden im Salzburger Land wird erstmals als Saalvelda genannt.

789

Der Lutizenfeldzug Karls des Großen.

Die *Notitia Arnonis*, das älteste Salzburger Güterverzeichnis, entsteht. In diesem werden Kufstein, Oberalm und Tittmoning erstmals genannt.

790

Für alle Klöster im Frankenreich wird der Vogtzwang eingeführt.

In der heutigen Pfarrgemeinde St. Ida, in Herzfeld in Hessen, wird die erste Kirche durch die Namenspatronin, Ida, gestiftet.

790–800

Mit dem Aufbau einer Stiftsbibliothek wird in St. Peter in Salzburg begonnen. Sie ist die älteste Bibliothek des heutigen Österreichs.

Im gleichen Zeitraum entsteht das *Capitulare de villis*, das Kapitular über die Landgüter. Dieses sollte der Behebung der Missstände in den Krondomänen dienen.

Zwar blieb der unmittelbare Einfluss geringer als erhofft, doch lag mit dem Kapitular eine erste Orientierung vor, wie Güter idealerweise ausgestattet sein sollten.

791–96

Karl der Große unterwirft das in sich geschwächte Awarenreich auf dem Gebiet des heutigen Ungarn.

791–819

Die Abteikirche von Fulda in Hessen wird im karolingischen Stil errichtet.

792

Die Währungsreform Karls des Großen, die Einführung des *pondus caroli*, wird zum Maßstab für die abendländische Geldwirtschaft bis ins Hochmittelalter hinein. Die späteren Maß- und Geldeinheiten Pfennig, Pfund, Penny und Pound leiten sich von diesem her.

Mit dem Überfall auf das nordenglische Kloster Lindisfarne beginnt die Wikingerzeit.

Piraten, Händler, Krieger, Siedler – Die Wikinger

Das Zeitalter der Wikinger beginnt klassisch mit dem Überfall auf das Kloster Lindisfarne im Jahr 793 und endet mit der Errichtung des Fürstentums Antiochia in der Levante im Jahr 1099. Es ist schwer, eine so dynamische Zeit wie diese „kurz" zu beschreiben, doch werde ich mein Möglichstes tun.

Über die Kultur der Wikinger werde ich mich nicht viel auslassen, sie ist im Grunde die gleiche wie bei den Germanen südlich von Dänemark. Es gibt nur zwei echte Unterschiede zwischen den Germanen im Süden und denen in Skandinavien. Das ist zum einen der Gebrauch der Runen und zum anderen die Kampfweise mit der Axt. Doch der Reihe nach.

Skandinavien war die Heimat der Wikinger. In dieser Zeit hieß das zunächst der gesamte Süden Schwedens und Norwegens sowie ganz Dänemark.

Raubüberfälle von Germanen von See her hatte es immer wieder mal gegeben, doch blieben diese eine absolute Ausnahme. Wie kann es also sein, dass ab dem Jahr 793 alle Dämme brachen? Ich denke, es liegt an drei Punkten:

Der erste war die lange Tradition. Wie gesagt, Überfälle von Wikingern sind schon seit dem 6. Jahrhundert verbürgt. Dazu kommt noch die lange Tradition der Raubzüge der Sachsen, die bis in die römische Zeit zurückreichte. Ebenfalls beispielhaft war die Landnahme der Angelsachsen und Jüten in Britannien, die ja auch über das Meer erfolgte.

Der zweite war die Überbevölkerung. Auch diese führte zu der Tendenz, sich jenseits des Meeres niederzulassen. Die Normandie, die Isle of Man oder Island sind dafür beredte Beispiele. Doch auch untergegangene Siedlungen wie in Grönland, der Danelag in England oder Haithabu zeigen die weite Verbreitung, von den Kiewer Rus und der Warägergarde ganz zu schweigen.

Der dritte war ihre militärische Überlegenheit. Diese basierte auf zwei Gegenständen, dem Langschiff und der Axt. Die Schifffahrt war für die Wikinger essenziell. Die Küsten Norwegens und Schwedens sind sehr zerklüftet und können in dieser Zeit nur mit dem Schiff gut bereist werden. Das Hinterland war Urwald und Gebirge, von den kalten Wintern ganz zu schweigen. Daher entwickelte sich dort eine sehr gute Schiffbaukunst, die in ihrer Zeit nicht ihresgleichen hatte. Ebenso die Axt. Bei dieser Art zu kämpfen ist man bestrebt, sich mit dem gekrümmten Teil des Kopfes hinter dem gegnerischen Schild einzuhacken, den Schild ruckartig herunterzureißen und dann mit einem gezielten Schlag den Kopf des Gegners zu treffen. Selbst wenn dabei der Helm samt Schädel nicht gespalten wurde, so verursachte alleine die kinetische Energie schwerste und meistens wohl auch tödliche Kopfverletzungen.

Aufgrund dieser Überlegenheit konnte sich dann das folgende Drama entfalten, denn die Wikinger wussten, dass man ihnen nur sehr schwer Schranken setzen konnte.

Bei ihren Raubzügen lassen sich drei Stoßrichtungen erkennen. Die Dänen wandten sich England und dem Frankenreich zu. Die Norweger richteten ihr Augenmerk auf Schottland, Irland und die Kolonisation der Inseln des Nordatlantiks bis nach Amerika hinüber. Die Schweden wiederum stießen nach dem Baltikum und bis ins Schwarze Meer vor. Die Normannen zuletzt gingen nach Süditalien und bis in die Levante.

Dies ist natürlich nur eine grobe Einteilung, doch die Hauptrichtung stimmt.

Grob kann man die Wikingerzeit auch in zwei Abschnitte unterteilen. Die Anfangszeit ist klar militärisch gekennzeichnet. Das ist die Zeit grob bis zur Sesshaftwerdung der Normannen im Jahr 911. In diese Zeit fallen die meisten der großen Raubzüge und Belagerungen.

Danach ebbt das Ganze langsam ab. Kontinentaleuropa wurde zusehends geschont. Der Grund hierfür dürften die Ritter gewesen sein. Denn die Überlegenheit der Wikinger basierte auf Schnelligkeit, doch Reiter waren schneller! So konnten im Notfall immer schneller immer mehr Ritter zusammengeführt werden, was nicht nur die Geschwindigkeit der Wikinger aushebelte, sondern auch ihre Kampfweise. Einer schweren Kavallerie hatten sie nichts Vergleichbares entgegenzusetzen.

Was auch erklären würde, warum die Britischen Inseln wesentlich länger unter dem Wikingerterror zu leiden hatten.

Nichtsdestotrotz begann mit dem 10. Jahrhundert die Zeit der Besiedelung und des Handels. Die großen Entdeckungen und weiten Gebiete, die sie erkundet hatten, versetzten die Wikinger in die Lage, einen einträglichen Handel zu organisieren. Konkurrenz zu Wasser hatten sie immer noch nicht. Ihre Haupthandelsgüter waren dabei Felle, Wachs und Honig, Bernstein, Metall und Schwerter. Diese tauschten sie gegen Silber, Gewürze, Seide oder Edelsteine. Die in die Hunderte gehenden Hortfunde aus der Wikingerzeit zeigen das weite Raub- und Handelsnetz.

In der gleichen Zeit beginnen auch die Kolonisationsfahrten. Im 9. Jahrhundert werden die Färöer-Inseln besiedelt und von dort aus wird Island 930 besiedelt. Im 10. Jahrhundert wird Grönland besiedelt, von wo aus Leif Eriksson um das Jahr 1000 herum in Nordamerika landete.

Wie schon erwähnt konnten sich die Wikinger in der Normandie ab 911 niederlassen. Ihre Siedlungen in England behielten sie weit bis ins 10. und 11. Jahrhundert hinein.

Bei den Schweden ging die Besiedelung schneller. Bereits im 9. Jahrhundert siedeln sie auf den Schäreninseln und im

Süden des heutigen Finnlands. 882 begründen sie das Reich der Kiewer Rus, das bis ins 13. Jahrhundert Bestand haben wird. 860, 907 und 941 belagern sie erfolglos Konstantinopel. Nach dem Jahr 900 erreichen sie sogar das Kaspische Meer über die Wolga.

Ab 1030 erobern die Normannen schließlich ganz Süditalien und Sizilien. 1066 erobern sie England. Schließlich begeben sie sich auf den I. Kreuzzug, wo sie als Letztes das Fürstentum Antiochia gründen.

Beneficium und Feudum –
Lehnwesen und Feudalsystem

Das Lehnwesen speiste sich bei seiner Entwicklung primär aus 2 Quellen, zum einen aus dem germanischen Gefolgschaftswesen und zum anderen aus dem römischen Klientelwesen. Bei den Germanen waren diese Gefolgsleute ihrem Herren zu Rat und Tat verpflichtet und dieser dazu, seine Gefolgsleute zu schützen und zu erhalten. Bei den Römern waren es die Familien. Einer Familie konnte sich ein jeder anschließen wenn er dies wollte. Im Austausch für Rat und Tat bekam er den Schutz der Familie, verkörpert durch das Familienoberhaupt.

Das Wort *Feudum* leitet sich vom altdeutschen *feo* ab, was ein Gut bezeichnet. Das *Beneficium* bedeutet wörtlich „Wohltat" und meinte, dass die verliehene Sache, was auch immer das war, eine Belohnung für erwiesene Treue war.

Das Wort „Lehen" wiederum leitet sich von „leihen" her. Ursprünglich war ein Lehen etwas, das verliehen war. Zwar konnte der Lehnsmann dieses Etwas nutzen (*dominium utile*), es blieb allerdings im Besitz des Lehnsherren (*dominium directum*).

Die ersten Vorläufer des Lehnswesens waren die sogenannten „Antrustionen" der Merowingerzeit im Frühmittelalter. Diese stellten das direkte Gefolge der Könige da. Seine eigentliche und endgültige Ausformung bekam das Lehnwesen dann in der Karolingerzeit. Und dies aus sehr gewichtigen Gründen.

Zum einen war es so geworden, dass die Notwendigkeit von Reitern in der Kriegsführung offenkundig geworden war. Dabei spielten die Einfälle der Sarazenen und Wikinger und später auch der Ungarn eine entscheidende Rolle. Heere, die zu Fuß unterwegs waren, waren einfach viel zu langsam, um berittene Gegner oder von See her angreifende Feinde abfangen, stellen oder verfolgen zu können.

Zum anderen musste jemand diese reitende Tätigkeit gleichsam hauptberuflich ausüben. Zwar hatte man zu Beginn verfügt, dass ein Reiter je Familie oder Sippe zu stellen sei, doch konnte das nicht aufrecht erhalten werden. Der Grund liegt in der lang dauernden Ausbildung und den hohen Kosten für Ausrüstung und Pferde. Und die Kosten spielten eine enorme Rolle. Da im Frühmittelalter die meisten Menschen noch frei waren, waren sie auch zum Kriegsdienst verpflichtet. Da nun statt Fußsoldaten immer mehr Reiter benötigt wurden, wurden die Kosten auch das Hauptproblem. Um genug Reiter aufbieten zu können, wurden diese mit Ländereien ausgestattet, wofür sie im Gegenzug Kriegsdienst zu leisten hatten und in Friedenszeiten Recht sprachen und die Steuern eintrieben.

So entstand das Feudalsystem aus der Notwendigkeit der Versorgung der Reiter. Was man auch nicht außer Acht lassen sollte, ist, dass in jenen Tagen Geld Mangelware war, weshalb Steuern als Naturalabgabe oder als Arbeit, später „Robot" genannt, erbracht wurden.

Parallel dazu wurden auch die „Beamten" des Herrschers auf diese Weise ausgestattet. Dabei darf man bei *Feudum* nicht unbedingt an Land denken. Auch Privilegien aller Art gehörten dazu, man denke an Fischereirechte, Waldbesitz und Waldnutzung, Zölle, Abgaben, Steuern oder, andersherum, auch Steuerbefreiung.

Man kann sich also das Feudalsystem als ein Wirtschaftssystem vorstellen. Das Lehnwesen hingegen war primär ein System nach der Art einer Kriegerkaste, wenn man so will. Beides wirkte wie ein Brandbeschleuniger für den kulturellen Aufschwung, den Europa einmal nehmen sollte. Ob in militärischer oder in wirtschaftlicher Hinsicht konnten nun Entscheidungen „vor Ort" gemacht werden und konnten auch „vor Ort" überprüft werden, was der Effizienz natürlich zugutekam.

Beides differenzierte sich stark aus, je länger es Bestand hatte.

Eine Besonderheit ist der Vasall. Dies waren eigentlich Freie, die sich einem bedeutenderen oder reicheren Herren freiwillig zum Dienst verpflichteten.

Das Lehnwesen endete in der Neuzeit, da die meisten Lehen inzwischen erblich geworden waren und daher nicht mehr verliehen wurden. Auf der anderen Seite führte auch die Entstehung des „Beamtenstaates" dazu, dass dieser immer mehr monetär entlohnt wurde und immer weniger in Naturalien oder Gütern. Militärisch waren die Ritter als Krieger ab der Mitte des 16. Jahrhunderts hinfällig geworden. Daher gab es auch von dieser Seite her keine Notwendigkeit mehr, Lehen zu vergeben.

Das Feudalsystem hingegen überlebte noch bis ins 19. und 20. Jahrhundert. Allerdings muss man hier dazusagen, dass das Feudalsystem im Hochmittelalter bereits großteils überkommen war. Der Aufschwung, den Europa seit dem 9. Jahrhundert genommen hatte, war enorm. Er sorgte auch dafür, dass die Menschen langsam zu Geld kamen, was dazu führte, dass die meisten Feudalabgaben und Leistungen in Geld abgegolten wurden, sodass um 1300 herum das alte System nur mehr als Gerippe bestand. Dass das Feudalsystem trotzdem noch 600 Jahre überdauerte, ist der Pest und der Krise des Spätmittelalters geschuldet. Kurz gesagt, die Zerrüttung dieser Zeit führte zu einer breiten Verarmung der Menschen, sodass diese ihre Steuern nicht mehr zahlen konnten. Als Ersatz wurden dann nach und nach die alten Naturalabgaben und Dienste wieder eingeführt.

Auch wurden viele althergebrachte Privilegien ersatzweise eingezogen. Wozu es ja auch keine Alternative gegeben hat, durch irgendetwas musste der Staat ja finanziert werden. Eine prekäre Situation, die zu schwerwiegenden Konflikten führte. Denn: In Summe ging es den meisten Menschen zu Beginn der Neuzeit schlechter als im Hochmittelalter.

Nicht umsonst gab es die meisten Bauern- und Ritteraufstände im 15. und 16. Jahrhundert.

Doch das ist eine andere Geschichte.

794

Die Synode von Frankfurt tagt. Auf ihr verzichtete Tassilo III. endgültig auf alle Rechte für sich und seine Familie. Der Bilderstreit wurde dabei erörtert, die byzantinischen Beschlüsse abgelehnt und neue gefasst sowie das Karlspfund als Grundlage der neuen Münzordnung verbindlich festgeschrieben. Zudem wird die heutige Stadt Frankfurt am Main erstmalig sowohl mit ihrem lateinischen als auch ihrem deutschen Namen genannt.

Die Schlacht auf dem Sintfeld. Die Franken besiegen die Sachsen entscheidend.

795

Köln wird zum Erzbistum erhoben, womit es das älteste noch bestehende Erzbistum Deutschlands ist.

Die Franken überfallen und plündern den Awarenring, das Zentrum des Awarenreiches. Die erbeuteten Schätze werden in Aachen unter den Franken und ihren Anhängern verteilt.

In einem weiteren Feldzug gegen die Sachsen ziehen die Franken bis an die Elbe.

796

Karl der Große gründet die Awarenmark und Carantanien als Grenzgebiete des Frankenreiches. Carantanieniese umfasste dabei das ganze heutige Kärnten, im Westen bis Osttirol, im Osten das gesamte Mur- und Mürztal sowie die Mur als Grenzfluss. Im Süden dürfte es wohl bis an die Save gereicht haben.

Die Awarenmark schloss sich nördlich und östlich davon an. Also in etwa vom Fluss Raab ostwärts der Donau entlang bis zum Zusammenfluss von Drau und Donau.

797

Der Erste Awarenaufstand wird niedergeschlagen.

Die Franken unternehmen einen Feldzug gegen die Slawen.

798

Salzburg wird in den Rang eines Erzbistums erhoben. Regensburg, Passau, Neuburg, Freising und Säben werden seine Suffragane. Das Erzbistum Salzburg ist damit das zweitälteste noch bestehende Erzbistum Deutschlands.

In der Schlacht bei Bornhöved besiegen die Franken die Sachsen erneut entscheidend. Damit brach der sächsische Widerstand großteils zusammen.

799

Der Zweite Awarenaufstand wird niedergeschlagen. Als Reaktion wird die Ostmark gegründet. Sie lag zwischen den Flüssen Enns und Raab und wurde später zur Keimzelle des heutigen Österreichs.

Straßwalchen, Salzburg, wird erstmalig urkundlich erwähnt.

800

Karl wird in Rom zum Kaiser gekrönt. Damit wurde das römische Kaisertum nach 324 Jahren wiederbelebt.

Erstmals lassen sich Mönche auf der Herreninsel imChiemsee, Bayern, nieder.

801

Karls Sohn Ludwig erobert Barcelona, das er zur Hauptstadt der Spanischen Mark macht.

802

Für die Oberstadt von Bregenz in Vorarlberg ist erstmals eine Burg nachweisbar.

802/03

Die *Lex Saxonum*, die *Lex Frisionum* und die *Lex Thuringorum*, die Stammesrechte der Sachsen, Friesen und Thüringer, werden niedergeschrieben.

803

Diözese und Stadt Minden werden gegründet. Es erfolgt auch die Grundsteinlegung für den heutigen Dom zu Minden in Nordrhein-Westfalen.

Das ebenfalls in Nordrhein-Westfalen gelegene Kloster Nottuln wird gegründet.

Karl der Große weilt in Salzburg. Die Drau wird endgültig als Diözesangrenze zwischen dem Erzbistum Salzburg und dem Patriarchat von Aquilea festgelegt.

Der Stiftskeller von St. Peter wird, als das wohl älteste Gasthaus Europas, erstmals erwähnt.

804

Errichtung des Bistums Halberstadt in Sachsen-Anhalt.

Der Ort Schärding, Oberösterreich, wird erstmals erwähnt.

805

In Niedersachsen wird das Bistum Münster errichtet.

Im Diedenhofer Kapitular wird die Stadt Erfurt in Thüringen als Haupthandelsplatz für den Osthandel bestimmt.
    Zugleich findet sich in ihm die erste Nennung Magdeburgs in Sachsen-Anhalt.

806

Die Slawen zwischen Elbe und Saale werden tributpflichtig.

Ludwig der Deutsche, 806–76; König von Ostfranken und Herzog von Bayern.

807

Walahfrid Strabo, 807–48; Abt von Reichenau und Gelehrter.

809

Das Kloster St. Zeno in Bad Reichenhall in Bayern wird gegründet (1803 säkularisiert).

811

Die Eider wird endgültige Grenze zwischen dem Frankenreich und Dänemark. Als Staatsgrenze zwischen Dänemark und Deutschem Reich bleibt sie bis 1867 gültig!

812

Im Vertrag von Aachen einigen sich die Franken und die Byzantiner über den Verlauf der Hoheitsansprüche. Venedig, Istrien und Dalmatien bleiben byzantinisch. Im Gegenzug anerkennt Byzanz das fränkische Kaisertum.

Der Ebro in Spanien wird Grenzfluss zwischen Franken und Sarazenen.

813

Das Reichskonzil von Tours tagt. Einer seiner geschichtlich bedeutendsten Beschlüsse war, die Priester anzuweisen, in Zukunft nicht mehr in Latein, sondern in den Volkssprachen zu predigen. Die Völker nehmen Gestalt an.

Erstmals wird die St. Michaelskirche in Salzburg genannt. Sie ist die erste Pfarrkirche der Stadt. Ihre heutige Gestalt bekam sie im 12. und 18. Jahrhundert und befindet sich heute im Besitz der Erzabtei St. Peter.

814

Dem Kloster Ellwangen in Baden-Württemberg wird die Immunität verliehen. Dies bedeutete, dass das Kloster von der Jurisdiktion des jeweiligen Grafen oder sonstigen Adeligen ausgenommen war. Einzig dem Kaiser war es als Gerichtsherren unterstellt.

Karl der Große stirbt in Aachen.

In Bayern, wohl in Augsburg, entsteht das Wessobrunner Gebet, das älteste deutschsprachige Schriftdenkmal.

Ermenrich von Ellwangen, 814–74; Bischof von Passau und Hagiograph.

815

Das Bistum Hildesheim wird in Niedersachsen gegründet.
Zugleich kommt es durch das Rosenwunder zum Bau der ersten Marienkirche an der Stelle des heutigen Doms. Besagter Rosenstrauch wächst heute noch an der Apsis des Domes. Selbst das Verbrennen und Verschütten des Stocks im Zuge der Zerstörung Hildesheims im Zweiten Weltkrieg konnte der Rose nichts anhaben.

816/17

Auf der Synode von Aachen werden die *Institutio Canonicorum* und das *Capitulare Monasticum* erlassen. Da in jener Zeit viele

Mönchsregeln bestanden, die oft auch für Verwirrung sorgten, wurde dies nun vereinheitlicht. Für die Mönche war fortan die Benediktusregel verbindlich, während für Kanoniker die Augustinusregel, die sogenannte Aachener Regel, eingeführt wurde.

817

Das Kloster Feuchtwangen in Baden-Württemberg wird gegründet (1563 in der Reformation aufgehoben).

819

Erstmals wird ein Ort Asperg in Baden-Württemberg genannt. Da mit der Nennung des Ortes als Gerichtsort wohl auch eine Befestigung einhergegangen sein dürfte, ist darin auch der Beginn der heutigen Festung Hohenasperg ebenso wie der Stadt selbst zu sehen.

820–30

Der St. Gallener Klosterplan entsteht, vermutlich auf der Reichenau im Bodensee. Er ist vermutlich der älteste erhaltene Bauplan des Mittelalters. In ihm wurde ein idealtypisches Kloster aus jener Zeit gezeichnet, mit allem, was dazugehören sollte.

Zur gleichen Zeit entsteht in Salzburg das Cutbercht-Evangeliar, in welchem die ältesten erhaltenen Monatsbilder des Mittelalters enthalten sind.

822–48

Die Abteikirche von Corvey, dem ältesten Kloster Sachsen, wird gebaut (1803 aufgehoben). Von dem karolingischen und romanischen Bau ist alleine das Westwerk erhalten geblieben, da die Abtei im 30-jährigen Krieg niedergebrannt wurde. Das Westwerk selbst dürfte das älteste erhaltene seiner Art sein, weswegen es auch als Weltkulturerbe geführt wird.

824

Die *Constitutio Romana* zwischen Kaiser und Papst legt die Machtbefugnisse der beiden fest und regelt die zukünftige Papstwahl.

Die Sarazenen erobern Kreta.

Vor 850

Erchanbert; Grammatiker und Verfasser des *Tractatus super Donatum*, des Traktats über Donatus. Dieser diente wohl zum Latein-Unterricht an der Freisinger Domschule, an der das Werk vermutlich auch entstanden ist.

826–78

Die Sarazenen erobern Sizilien.

828

Für den Lungau, Salzburg, werden erstmals bayrische Grafen statt den slawischen Fürsten ernannt.

Der Ort Emmerich, im heutigen Nordrhein-Westfalen, wird erstmals als *villa*, also als Landgut benannt.

Um 830

Mit der Aufzeichnung der Salzburger Annalen wird begonnen.

830/40

Das Hildebrandslied entsteht in althochdeutscher Sprache. Darin geht es um den Kampf zwischen Vater und Sohn. Eingebettet ist das Lied, das später mitten im Kampf abbricht, in den ostgotische Sagenkreis um Theoderich den Großen, den Dietrich von Bern der Sagenwelt.

830–43

Im Frankenreich beginnt mit der Reichsversammlung von Nimwegen, Niederlande, der Kampf um die Nachfolge als Kaiser und König. Dabei kam es zum Bruch zwischen Ludwig und seinen Söhnen. Die Unruhe wird bis zu Ludwigs Tod nicht enden und sich dann voll entladen.

830/50

In Sachsen entstehen das Heliandlied und die Altsächsische Genesis. Beide sind in altsächsischer Sprache abgefasst.

831

Das Erzbistum Hamburg (1648 aufgelöst, 1994 wieder gegründet) wird errichtet.

833

Auf dem Lügenfeld bei Colmar, Elsass, muss sich Kaiser Ludwig seinen drei Söhnen unterwerfen.

834

Das Grab des Apostels Jakobus des Jüngeren wird in Nordspanien aufgefunden. Santiago de Compostella wird zum Wallfahrtsort.

Die Wikinger fallen in Friesland und im Loiregebiet ein.

Im Winter wird Friesland auch noch von einer verheerenden Sturmflut heimgesucht.

835

Das Allerheiligenfest wird auf den 1. November verlegt. Bis 865 wird es sich im gesamten Westen durchsetzen.

836

Das Kloster Böddeken (1803 säkularisiert) in NRW südlich von Paderborn gelegen, wird gegründet.

Im Zuge einer Reliquienübertragung des Hl. Severus wird erstmals die Kirche St. Paul in Erfurt, Thüringen, erwähnt. Sie war wohl Teil eines älteren Klosters, dessen Geschichte nicht mehr nachvollziehbar ist. Nachdem die Kirche im 11. Jahrhundert zerstört wurde, trägt der Nachfolgerbau seither das St.-Severi-Patrozinium.

837–42

Ermenrich von Ellwangen schreibt die *Vita Sualonis*, die Lebensgeschichte des Hl. Sola von Solnhofen, von dem der Ort seinen Namen hat.

840

Luzern in der Schweiz und Jena in Thüringen werden erstmals namentlich genannt.

840–43

Nach dem Tod Ludwigs des Frommen überwerfen sich seine Söhne, es kommt zum Bruderkrieg.

Nach wechselndem Kriegsglück einigt man sich im Vertrag von Verden, dem heutigen Verdun. Als Ergebnis wird das Frankenreich in drei Teile geteilt, wobei die Kaiserwürde jeweils dem ältesten Sohn zukommen sollte.

841

Schlacht von Fontenay in Frankreich. Karl der Kahle und Ludwig der Deutsche besiegen ihren Bruder Lothar I. Den Chroniken zufolge fällt ein Drittel der Soldaten im Kampf. Es wird die verlustreichste Schlacht der fränkischen Geschichte.

841–43

Kaiser Lothar I. stachelt die Sachsen zum Stellinga-Aufstand an, der von Ludwig blutig niedergeschlagen wird.

842

Die Straßburger Eide. Ludwig und Karl beschwören jeweils vor dem Heer des anderen ihre gegenseitige Treue. Damit war der Bürgerkrieg so gut wie entschieden. Die Bedeutung der Eide liegt aber nicht nur im Politischen Bereich. Die Eide wurden in althochdeutscher und altfranzösischer Sprache geschworen. Damit stellen die Eide das älteste Schriftdenkmal der französischen Sprache dar. Der Vertrag wird mit „Kriegsspielen" gefeiert. Sie stellen die wohl erste Nennung solcher Spiele, der Vorläufer der Turniere, dar.

Die flämische Stadt Quentovic wird von den Wikingern geplündert.

843

Der Vertrag von Verden. Das Reich wird geteilt. Das Westreich geht an Karl, das Ostreich an Ludwig und das Mittelreich, Lotharingien, geht, wie auch die Kaiserkrone, an Lothar.

844

Die Wikinger plündern Toulouse in Südfrankreich und verheeren danach die spanische Küste.

845

Die Wikinger zerstören Dorestad in den heutigen Niederlanden und Hamburg, Paris wird geplündert.

Das Kanonissenstift Essen in NRW (1527 aufgehoben) wird gegründet.

846

Muslimische Piraten landen in Ostia und plündern den Vatikan.

850

Die *Vita Hariolfi* des Ermenrich von Ellwangen entsteht.

Arnulf von Kärnten; 850–899; Römischer Kaiser, Markgraf von Kärnten und Pannonien.

9. Jahrhundert

Oratores, pugnatore et Laboratores – Vom Beten, Kämpfen und Arbeiten

Eine Wurzel der Ständeordnung des Mittelalters war das aus germanischer Zeit bekannte Gefolgschaftswesen. Ursprünglich kannten die Germanen nur freie Krieger. Und selbst die Gefolgsleute von Häuptlingen und der Adeligen waren allesamt persönlich frei. Dies ist deshalb so wichtig, da in den ehemaligen Reichsgebieten mit dem alten, römischen Klientelwesen etwas Vergleichbares bestand. Der Hauptunterschied war, dass beim Klientelwesen die Treue der Familie galt, während beim Gefolgschaftswesen die Treue der Einzelperson galt. Auf diese Art konnten große, mächtige, vermögende Familien und Sippen, aber eben auch Einzelpersonen einen weiten Kreis an Verbündeten aufbauen, die ihren Einflussradius noch erweiterten.

Zum Problem wurde dies, als sich in der Völkerwanderungszeit und dem Frühmittelalter die Bedingungen der Kriegsführung änderten. Sowohl Germanen als auch Römer stützen sich primär auf die Infanterie. Reitertruppen, wie sie die Goten kannten, waren absolute Ausnahmen. Doch durch die Bedrohungslage, die sich vom 8.–10. Jahrhundert zuspitzte, wurde es notwendig, schnelle Truppen zur Hand zu haben. So bekam die Kavallerie immer mehr Übergewicht. Doch Pferdehaltung war sehr teuer, ebenso die Ausrüstung. So begann man im 8. Jahrhundert dazu überzugehen, dass mehrere Familien einen Reiter ausrüsten sollten. Doch dies reichte schon bald nicht mehr aus und der Kreis erweiterte sich laufend.

Dazu kam noch folgender Umstand: Das ganze Frühmittelalter hindurch herrschte quasi permanent Krieg. Für eine

Agrargesellschaft ein großes Problem, denn auf die Arbeitskraft der Männer war man auch auf dem Feld angewiesen. So drohte entweder Plünderung oder Hungersnot. Daher gingen auch viele dazu über, ihre Pflicht zum Kriegseinsatz auf andere zu übertragen. Diese wurden dann von ihnen mitversorgt. Dafür war man vom Kriegsdienst befreit und auch viele Probleme der Rechtsprechung und Rechtsfindung konnte man so abwälzen.

Wie bereits erwähnt hängt das Recht zur politischen Teilhabe an der Pflicht zum Kriegsdienst. So wurden all jene, die keinen Kriegsdienst leisteten, unfrei. Es spalteten sich die Bewohner in Kämpfer und Bauern auf und nur so ist es verständlich, warum um 700 überwiegend Freie bei uns lebten und um 1200 überwiegend Unfreie, Selbstversklavung!

Bei den Oratores, eigentlich den „Betenden", war es ganz anders. Der Lehrstand, wie man den Klerus noch nannte, hatte diese zentrale Stelle als Wissensvermittler nicht von vornherein inne. Grundsätzlich kannten die Römer ja bereits Schulen und manche davon dürften auch das Römische Reich überlebt haben. Mit dem Kollaps der Zivilisation in Europa ging auch ein Kollaps der Städte und damit auch der Schulen einher, sodass die Wissensvermittlung drohte abzureißen. Die Einzigen, die es sich nicht erlauben konnten, nicht lesen und schreiben zu können, waren eben Klerus und Mönche.

Doch auch hier gilt, was ich weiter oben schon gesagt habe, nämlich, dass in der damaligen Zeit aufgrund des Geldmangels der Klerus ebenfalls nur feudal überleben konnte. Mit zunehmender Versierung in der Kunst des Schreibens wurde es auch klar, dass diese wichtige Aufgabe nur bewerkstelligt werden konnte, wenn der Klerus und die Klöster separat gefördert würden. Es ist im Grunde wie beim Ackerbau, man kann sich oftmalige Unterbrechungen nur selten erlauben. So wurden die Bibliotheken und Kirchen- und Klosterschulen zu den Trägern des Wissens. Was ja auch wiederum die Kämpfenden und die Arbeitenden entlastete.

Für das Frühmittelalter war diese Aufteilung der Garant für den schnellen kulturellen Aufstieg des Abendlandes nach den Verheerungen der vorangegangenen Jahrhunderte.

Um 850

Die Neumenschrift, der Vorläufer unserer heutigen Noten, entsteht.

Das Drogo-Sakramentar entsteht.

851

Für die Stadt Salzburg wird erstmals ein Vogt bestellt.

853

Das Züricher Nonnenkloster wird durch Ludwig den Deutschen gegründet.

854

Erstmals wird der Titel des „Erzkanzlers" genannt.

Die Stadt Ulm in Bayern wird als Pfalz *Hulmam* genannt.

856–85

Die Dänen Rorik und Godfred herrschen über Friesland. Auf ihren Raubzügen gelangen sie bis Duisburg in NRW.

857

Meran, Tirol, wird erstmals in einer Urkunde genannt.

860

Die heutige Festung Hochosterwitz in Kärnten wird erstmals als Burg erwähnt.

860–80

Das Stift Wilten in Tirol wird gegründet.

862

Köln wird von den Wikingern geplündert.

864

Das Erzbistum Bremen-Hamburg wird errichtet. Da der Erzbischof von Hamburg vor den Wikingern geflohen war, wurde ihm das Bistum Bremen übertragen. So entstand dieses Doppelbistum. Seither nannte sich der Bischof von Bremen Erzbischof.

865

Ernst, Grenzgraf des bayrischen Nordgaus und Heerführer, stirbt.

866

Die heutige Stadt Esslingen in Baden-Württemberg wird erstmals genannt.

867/68

Das *Liber Evangeliorum* des Otfried von Weißenburg entsteht. Es ist das größte zusammenhängende Werk in althochdeutscher Sprache. Otfried von Weißenburg ist zugleich auch der erste namentlich bekannte deutsche Dichter.

869-70

Das IV. Konzil von Konstantinopel tagt.

870

Im Vertrag von Meersen wird das Frankenreich neu aufgeteilt.

Malta wird von den Arabern besetzt.

871

Kaiser Ludwig II. erobert Bari, Apulien, von den Sarazenen zurück.

Die Hammaburg, als Keimzelle des heutigen Hamburg, wird gegründet.

Um 873

Die *Conversio Bagoariorum et Carantanorum*, „Die Bekehrung der Bayern und Karantanen", entsteht in Salzburg.

873–85

Das karolingische Westwerk der Klosterkirche Corvey wird gebaut.

875

Mit dem Tod Kaiser Ludwigs II. sterben die Karolinger in Italien aus. An ihre Stelle treten Verwandte und andere Große Italiens, womit die Abnabelung vom Geistreich beginnt.

879–92

Das „große heidnische Heer" der Wikinger zieht mordend und plündernd durch das nördliche Frankenreich. Lüttich, Mecheln, Koblenz, Trier, Köln, Aachen werden zerstört, Flandern, die Picardie und Brabant verwüstet.

880

In der Schlacht von Ebstorf in Niedersachsen unterliegt der sächsische Heerbann den Normannen. „Heerbann" ist eine alte Bezeichnung für ein Heeresaufgebot. Der sächsische Herzog Bruno, die Bischöfe von Minden und Hildesheim sowie der Großteil des Heeres fallen in der Schlacht.

Der Vertrag von Ribemont teilt das Frankenreich erneut und endgültig in die drei Teilreiche Westfranken, Ostfranken und Italien.

881

Erstmals dringen die Ungarn ins Reich ein. Bei ihrem ersten Einfall kommen sie bis nach Linz in Oberösterreich.

Ad Weniam kommt es zu einer ersten Schlacht zwischen Ungarn und Bayern. Es ist die erste Nennung Wiens.

Aachen, Köln, Bonn, Jülich, Zülpich, Lüttich, Tongern und Maastrich werden von den Wikingern geplündert und niedergebrannt. Ebenso die Klöster Stablo, Malmedy und Kornelimünster.

Ludwig III. von Westfranken besiegt die Wikinger in der Schlacht von Saucourt in Nordfrankreich. In Erinnerung daran entsteht das Ludwigslied, die älteste panegyrische Dichtung in althochdeutscher Sprache.

881/84

Dortmund, Nordrhein-Westfalen, wird erstmals genannt.

882

Trier, Andernach und wohl erneut Bonn sowie das Kloster Prüm werden von den Wikingern überfallen.

Erchanbald, 882–912; Berater Kaiser Arnulfs und König Ludwigs des Kindes, Bischof von Eichstätt.

883/84

Im Zuge eines weiteren Wikingerüberfalles wird der Ort Duisburg, der auch geplündert wurde, erstmals erwähnt.

884

Notker Balbulus verfasst seinen *Liber Hymnorus*, das Buch der Hymnen.

887

Lustenau im heutigen Vorarlberg wird erstmals urkundlich erwähnt.

888

Bremen wird das Markt-, Münz- und Zollrecht verliehen.

889

König Arnulf belehnt die Salzburger Erzbischöfe mit dem Zillertal in Tirol, das auch heute noch zur Erzdiözese gehört.

891

Im Herbst des Jahres schlagen die Wikinger ihr Winterlager bei Löwen im heutigen Belgien auf. Arnulf attackiert sie dort, erobert das Lager und siegt. Da die beiden Könige der Wikinger und die meisten ihrer Landsleute entweder durch das Schwert starben oder im nahen Fluss ertrinken, war es ein vollständiger

Sieg. Die Niederlage macht wohl Eindruck, denn mit der Schlacht enden die Wikingereinfälle im Ostfrankenreich.

892–94

Arnulf von Kärnten verbündet sich im Kampf mit Mähren mit den Ungarn. Nach dem Sieg über Mähren lassen sich die Ungarn dauerhaft in der Pannonischen Tiefebene nieder. Als Verbündete Arnulfs herrscht jedoch Frieden mit Ostfranken.

897

Die Ungarn erobern die Tiefebene der Theiß und der mittleren Donau.

Die Kulturlandschaft Eichsfeld, zwischen Niedersachsen, Hessen und Thüringen gelegen, wird als Gau „Eichesfelden" erstmals erwähnt.

Der Ort Straubing, Bayern, findet erstmals urkundliche Erwähnung.

899

Kaiser Arnulf stirbt. Mit ihm stirbt auch das Bündnis mit den Ungarn, woraufhin diese sich nicht mehr zum Frieden verpflichtet fühlen, in Norditalien einfallen und Pavia plündern.

900

Erneuter Einfall der Ungarn in Norditalien.

10. Jahrhundert

Der Ungarnsturm

Ursprünglich kam das Nomadenvolk der Ungarn aus dem Osten als Vertriebene und Flüchtlinge. Am Ende des 9. Jahrhunderts wurden sie in ihrer alten Heimat in der Südukraine von den Bulgaren und Petschenegen vertrieben.

Als Verbündete Kaiser Arnulfs kommen sie in regen Kontakt mit dem Abendland und lernen dabei wohl auch die Pannonische Tiefebene kennen. Als sie zwischen 894/97 fliehen, ziehen sie in dieses Gebiet und lassen sich dort nieder. Da sie zu diesem Zeitpunkt noch Verbündete sind, können sie dies unbehelligt tun. Erst als Arnulf 899 stirbt, brechen die Schwierigkeiten auf, denn nun sind die Ungarn von Verpflichtungen frei.

Also beginnen sie, was Nomaden gerne tun, zu plündern und zu brandschatzen. Dabei nehmen sie nicht nur das Abendland, sondern auch Byzanz ins Visier.

Für die Ungarn ist die Situation, jedenfalls zu Beginn, sehr verlockend. Sie stoßen auf wenig Widerstand, da in dieser Zeit der Höhepunkt des Chaos in Europa herrscht. An welchem sie allerdings auch ein gerüttelt Maß Mitschuld hatten.

Wie die Ungarn den Osten bedrohen, so bedrohen zugleich die Wikinger den Westen, Araber den Westen und Süden, sprich Italien. Hilfe ist daher von den anderen Reichsteilen nicht zu erwarten.

907 kommt es zu einer ersten Entscheidungsschlacht. Bei Pressburg vernichten die Ungarn den gesamten bayrischen Heerbann mitsamt dem Großteil des Adels, auch Salzburgs Erzbischof Theotmar ist unter den Toten. Daraufhin kollabiert Bayern und das Land steht den Ungarn offen. Die bayrische Ostmark, die

einstmals bis zum Plattensee gereicht hatte, geht verloren, die neue Grenze zu den Ungarn wird die Enns. In einem weiteren Zug dringen sie über Bayern in die Alemannia vor und ziehen bis nach Lothringen.

In immer wiederkehrenden, größeren und kleineren Raubzügen wechselte das Kriegsglück immer wieder. So bleibt die Bedrohung bestehen. Einen ersten Dämpfer erhalten die Ungarn, als sie von Heinrich I. in der Schlacht bei Riade, 933, vernichtend geschlagen werden.

Aber erst in der welthistorischen Schlacht auf dem Lechfeld bei Augsburg 955 werden die Ungarn endgültig besiegt.

Um 900

In Köln entsteht das „Krieler Dömchen" St. Stephanus.

Der Adel beginnt befestigte Sitze, sogenannte Herrensitze, anzulegen, diese werden zum Ursprung der Burgen des Mittelalters.

Neben dem historischen Siedlungskern „Lauriacum", dem heutigen Lorch, entsteht die „Aenesapurch" als neuer Siedlungskern und Namensgeber für das heutige Enns in Oberösterreich.

Die *Vita Odilia,* der *Lorscher Bienensegen* und das *Waltharius*-Epos entstehen.

In Freising in Bayern entsteht das älteste erhaltene deutsche Kirchenlied, das Petrus-Lied. Niedergeschrieben ist es in der Art eines Bittgesangs an den Apostelfürsten.

Die Burg

Grundsätzlich bezeichnet das Wort Burg einen befestigten Wohnsitz. Als Ursprünge kann man die germanischen Fluchtburgen und die römischen Befestigungen ansehen.

Diese althergebrachten Vorbilder wurden noch durch die fränkischen Gutssitze und Befestigungen ergänzt. Den Höhepunkt des Burgenbaus erlebten wir im 12. und 13. Jahrhundert. Ab dem 15. Jahrhundert wandelt sich die Burg stark. Der militärische Nutzen tritt überall zurück und der Wohncharakter wird wichtiger, es beginnt die Trennung der Burg in Festung und Schloss.

Etwas verwirrend ist, dass viele Begriffe aus dieser Zeit wie „burg", „burc", „castellum" oder „burgus", zu Beginn synonym verwendet werden. Erst als im 12. Jahrhundert sich der Begriff „stat" für Stadt einbürgerte, ist eine zweifelsfreie Unterscheidung in Stadt und Burg möglich.

Ursprünglich ist der Burgenbau ein königliches Privileg, was auch erklärt, warum es im Frühmittelalter erst so spät zum Burgenbau kommt.

Mit dem friedlosen 9. Jahrhundert ändert sich das dann. Mit der zunehmenden Unsicherheit beginnen Bischöfe und Herzöge, aber auch Markgrafen und später auch Grafen damit, Burgen zum Schutz vor Überfällen zu errichten. Bei Markgrafen oder Herzögen konnte dies durchaus zum Schutz des Landes in ihre Zuständigkeit fallen. Darüber hinaus war der Bau einer Befestigung auf adeligem Privatbesitz, dem sogenannten Allodialbesitz, gar nicht zu verhindern, da sich das Burgregal des Königs nur auf das freie Land bezog.

Vor allem die Ungarneinfälle werden im Deutschen Reich wie ein Brandbeschleuniger wirken, da in dieser Zeit der Burgenbau nachdrücklich gefördert wurde.

Schon Karl der Große hatte in Sachsen damit begonnen, das neue Land mittels Befestigungen zu sichern. Auch darf nicht außer Acht gelassen werden, dass die römischen Befestigungen wie in Salzburg, Trier oder Regensburg weiter genutzt wurden, wenn auch oft in geringerem Umfang, aber dennoch.

Später würde Otto der Große dem Burgenbau noch einmal einen Schub geben, indem er durch die Burgwardverfassung neue Impulse gab. Dadurch wurde vorgeschrieben, dass neue Markgrafschaften schon mit Burgen zu errichten waren. Es war also nicht mehr freigestellt, ob man Burgen zu Schutz und Verwaltung errichten wollte, sondern von da an Voraussetzung.

Eine rechtliche Sonderstellung hatten die Reichsburgen. Sie unterstanden alleine dem König/Kaiser und waren aus karolingischen Befestigungen hervorgegangen.

Adelsburgen waren ebenfalls eine Besonderheit. Diese wurden, wie schon erwähnt, auf Privatgrund errichtet. Sie dienten ausschließlich dem Schutz des Adeligen, seiner Familie und seinem Gefolge. Im Laufe des Hochmittelalters werden jedoch viele dieser Burgen auch zu Verwaltungszentren ausgebaut. Auch so konnten fiskalische und gerichtliche Belange an einem Ort konzentriert werden, was wiederum die Herrschaft stärkte.

Gebaut wurde im Frühmittelalter zuallererst mit Holz und Erde. Deshalb liest man in der Anfangszeit auch oft von niedergebrannten Burgen, was bei Steinbauten doch deutlich schwieriger gewesen wäre.

Diese frühen Bauten werden Motte, nach dem französischen *la mot* für „Hügel", genannt. Diese Motten waren auf natürlichen oder künstlichen Hügeln errichtet worden. In seiner einfachen „Grundform" bestand die Motte aus einem Graben, danach ein Palisadenzaun und in der Mitte ein, meist quadratischer, Holzbau, der sowohl als letzter Zufluchtsort wie auch als Aussichtsturm diente. Mit Stein wurde äußerst selten und nur da gebaut, wo er schon vor Ort war.

Erst ab ca. 1000 beginnt man immer mehr mit Stein zu bauen. Man musste zwar sprichwörtlich steinreich sein, um es sich leisten zu können, doch boten die Steine auch umso mehr

Schutz. Nicht übersehen sollte man, dass an vielen Burgen über Jahrhunderte hinweg gebaut wurde.

Dieser Schutz wurde ja auch durch die fortgeschrittene Militärtechnik notwendig. Denn die Verbreitung von Katapulten machte Holzbauten schließlich zu einem leicht zu überwindenden Hindernis.

Die Agrarrevolution des Frühmittelalters

Im Lauf des Frühmittelalters kam es zu einer Reihe von Erfindungen und Entwicklungen, die man auch als Agrarrevolution bezeichnet hat. Dazu muss man sich vergegenwärtigen, dass der überwiegende Großteil der Agrarfähigkeiten und -kenntnisse auf dem Wissen der Antike beruhte, und diese war eine grundsätzlich mediterran geprägte Kultur gewesen. Nun wurde es nötig, Lebensmittel im großen Umfang auch in Mittel-, Nord- und Osteuropa anzubauen. Die althergebrachten Techniken, die auf die Versorgung von Weilern oder kleinen Dörfern ausgelegt waren, reichten nun bei Weitem nicht mehr aus.

Die Mittelmeerkultur kannte ja grundsätzlich nur Weizen, der nördlich der Alpen aber schlechter wächst wegen des kälteren Klimas. Daher ging man dazu über, Roggen und Hafer großflächig anzubauen: Roggen für den Menschen und Hafer als Kraftfutter für die Tiere. Dies hatte zur Folge, dass die Nutztierhaltung zur Fleisch- und Milcherzeugung immer weiter anstieg. Gleichzeitig konnten auch immer mehr Tiere als Zugtiere sowohl für den Pflug als auch für den Handel genutzt werden.
Mehr an Getreide zwang auch zu einem Mehr an Mühlen, um die größeren Mengen verarbeiten zu können. Was letztlich auch zu einem Mehr an Gewerbe führte.

Mühlsteine mussten abgebaut und transportiert werden, Getreide und Mehl ebenso. Das Mehl wiederum musste verarbeitet werden. Ebenso das Mehr an Fleisch, Milch, Käse und Butter. Vor allem der Käse wird gerne unterschätzt. Er ist, gerade in Anbetracht des Winters, eine hervorragende Nahrungsquelle, die längere Zeit haltbar ist.

Mehr Tiere bedeutete aber auch ein Mehr an Leder und Fell. Auch dieses wurde verarbeitet – ob zu Kleidung, Behältnissen oder zu Pergament.

Eine weitere wichtige Entwicklung war die Dreifelderwirtschaft, die sich spätestens seit der Karolingerzeit, also dem 8. Jahrhundert, in ganz Europa verbreitete und im Hochmittelalter der Standard der Landwirtschaft geworden war. Dadurch konnten höhere Ernteerträge erbracht werden, was die obgenannte Entwicklung weiter beschleunigte und verstärkte.

Das Kummet wurde in China erfunden und kam im Lauf der Völkerwanderung nach Europa. Was auch daran zu sehen ist, dass das Wort *Kummet* aus dem Slawischen entlehnt ist. Es setzte sich ebenfalls in der karolingischen Zeit durch. Dadurch konnten Zugtiere wesentlich größere Flächen bearbeiten als vorher. Durch die bessere Versorgung mit Hafer konnten wiederum mehr Pferde als Ochsen eingesetzt werden. Da Pferde wesentlich stärker sind als Ochsen und daher deutlich größere Flächen bearbeiten können.

Diese Entwicklung förderte und verstärkte ebenfalls die beiden obgenannten Entwicklungen weiter.

Ebenso wichtig wurde die Sense. Diese wurde weniger zum Ernten von Getreide als vielmehr zum Grasschnitt genutzt. Dadurch, dass nördlich der Alpen mit Winter zu rechnen ist, südlich jedoch fast nicht, kannten die Römer wohl die Sense, nutzten diese jedoch kaum. Doch durch das Mehr an Tieren wurde auch ein Mehr an Winterfutter nötig. Große Weideflächen ließen sich so mähen und damit mehr Tiere halten. Ein gutes Beispiel sind die Salzburger Monatsbilder, die zwischen

820 und 830 entstanden. Weitere wichtige Entwicklungen und Erfindungen waren der Räderpflug und das Hufeisen.

Zwei weitere Faktoren sind noch zu nennen: Das Frankenreich und die Klöster. Dokumente wie das *Capitulare de vilis* aus dem 8. Jahrhundert und der St. Gallener Klosterplan aus dem 10. Jahrhundert. Beide zeigen sehr eindrücklich, dass man sich der Verbreitung von Wissen bewusst war, um nachhaltige Entwicklungen zu fördern. Durch die staatlichen wie durch die kirchlichen Institutionen wurde dabei dieses Wissen über ganz Europa verteilt. Von diesen ersten Zentren aus konnte es sich dann immer weiter ins Umland ausbreiten.

Speziell bei den Klöstern kommt die Rodung hinzu. Europa war im Frühmittelalter nördlich der Alpen fast durchweg mit Wald bedeckt. Felder und Dörfer konnten also nur angelegt werden, wenn man zuvor Wälder rodete. Hier waren die Klöster federführend, da diese in der Regel in der Wildnis neu errichtet wurden. Wie Inseln im Meer erschloss sich der Großteil des Landes durch diese.

901

Die Schenkung eines Gutshofes an Bischof Zacharias von Brixen begründet die heutige Stadt Brixen.

903/05

Die Raffelstetter Zollordnung entsteht. Sie entstand im heute oberösterreichischen Raffelstetten und ist die älteste erhaltene Zollordnung im deutschsprachigen Raum.

904

Der Ort Leoben in der Steiermark wird erstmals genannt.

906

Die Ungarn fallen in Mähren ein und vernichten das Großmährische Reich endgültig. Anschließend ziehen sie weiter und fallen in Sachsen ein.

907

Die Schlacht von Pressburg in der heutigen Slowakei. Der gesamte bayrische Heerbann wird vernichtet. Die Ungarn dringen in der Folge bis nach Alemannien und Lothringen vor.

Arnulf der Böse, 907–37; Herzog von Bayern.

908

Der Ort Salzburghofen, das heutige Freilassing in Bayern, kommt zum Land Salzburg.

909

Über Bayern fallen die Ungarn in Franken ein. In der Schlacht an der Rott werden sie aber von den Bayern gestellt und aufgerieben.

909/10

Errichtung des burgundischen Klosters Cluny in Frankreich (1791 aufgelöst).

Ekkehard I. von St. Gallen, Anfang 10. Jhd.–973; Mönch und Dichter.

910

Die Bayern können die Ungarn erneut bei Neuching stellen und besiegen.

In der ersten Schlacht auf dem Lechfeld bei Augsburg wird ein ostfränkisches Heer von den Ungarn vernichtend geschlagen.

911

Mit dem Tod Ludwigs des Kindes sterben die Karolinger in Ostfranken aus. Zu seinem Nachfolger wird Konrad I., Herzog von Franken, gewählt.

Die Ungarn fallen in Bayern, Franken und Lothringen ein.

Der Wikinger Rollo gründet das Herzogtum Normandie in Nordfrankreich als Lehensstaat des französischen Königs. Dafür übernimmt er im Gegenzug den Grenzschutz.

912

Otto I. der Große, 912–73; Römischer Kaiser, Deutscher König und König von Italien.

913

Am Inn gelingt es erneut, den Bayern einen ungarischen Einfall abzuwehren. In der Folge kommt es zu einem Vertrag mit den Ungarn, wonach Bayern militärisch keinen Widerstand mehr leistet, wenn die UNgarn im Gegenzug Bayern nicht mehr plündern.

914

Das Stift Emmerich in NRW wird erstmals genannt.

916

Arnulf der Böse erhebt sich gegen den König. Dieser zieht daraufhin gegen Regensburg, woraufhin Arnulf nach Ungarn fliehen muss.

917

Auf einem weiteren Einfall kommen die Ungarn bis nach Basel, das geplündert wird.

Auf dem Berg Twiel in Baden-Württemberg wird eine erste Burg erwähnt.

919

Heinrich I., Herzog von Sachsen, wird zum ersten deutschen König gewählt. Er begründet die Dynastie der Ottonen.

Die ältesten Salzburger Jahrbücher erwähnen erstmals ein *Regnum Teutonicorum*, ein Königreich der Deutschen.

920/30

Gründung der Abtei Egmond in Holland.

In dieser Zeit werden erstmals Münzen in der Stadt Salzburg geprägt.

921

Die Ungarn fallen in Italien ein und ziehen bis nach Otranto in Apulien, Süditalien.

König Heinrich und Herzog Arnulf von Bayern schließen Frieden. Arnulf anerkennt die Oberhoheit Heinrichs, wofür ihm dieser, innerhalb Bayerns, freie Hand gibt.

923-25

Lothringen wird in das Reich eingegliedert.

923

Die Orte Mariapfarr und Fusch an der Glocknerstraße, Salzburg, werden erstmalig in Urkunden genannt.

924

Die Ungarn fallen in Böhmen und in Sachsen ein. Ein zweiter Zug zieht über Italien bis nach Südfrankreich.

St. Johann im Pongau, Salzburg, wird erstmalig genannt.

925

Mühldorf am Inn, Bayern, findet das erste Mal Erwähnung.

Bruno I., 925–65; Erzbischof von Köln und Kanzler Ottos I.
  Widukind von Corvey, 925–73; Mönch und Geschichtsschreiber.

926

Die Ungarn fallen über Bayern in Schwaben, Franken, Lothringen und in Frankreich ein. Jedoch gelingt die Gefangennahme eines bedeutenden ungarischen Fürsten. Zu dessen Freilassung verpflichten sich die Ungarn zu einem 9-jährigen Waffenstillstand.

Bei einem Überfall der Ungarn wird der Dom von Chur, Schweiz, niedergebrannt.

Churrätien wird als eigener Reichsteil aufgehoben und dem Herzogtum Schwaben eingegliedert.

König Heinrich I. erlässt eine Burgenordnung. In dieser wurde angeordnet, Fluchtburgen und Ungarnwälle gegen die Bedrohung aus dem Osten zu errichten.

927

Die Orte Rottenmann, Steiermark, und Bergheim, Salzburg, werden erstmals urkundlich erwähnt.

928

Erste Nennung von Duderstadt in Sachsen-Anhalt.

928–29

Um die dauernden Grenzkriege gegen die Slawen zu beenden und den Rücken gegen die Ungarn frei zu haben, führt Heinrich mehrere Feldzüge gegen die benachbarten Slawen und unterwirft sie. Auch Böhmen unterwirft sich ein erstes Mal, was jedoch nicht von Dauer ist. Die östlichen Marken werden eingerichtet, um das Land in Zukunft friedlich zu halten.

929

Schlacht bei Lenzen in Brandenburg gegen die Slawen.

Die Burg Meißen in Sachsen wird gegründet.

Um 930

Erstmals wird die Porta, eine Kaufmannssiedlung in der Stadt Salzburg, erwähnt. Sie befand sich in etwa auf dem Gebiet des heutigen Waagplatzes.

Die Besiedelung des Großarltales, Salzburg, beginnt.

Die Orte Puch und Leogang, Salzburg, werden erstmalig genannt.

931

Der Ort Kaprun wird in einer Urkunde erstmals aufgeführt.

Kaiserin Adelheid, 931–99

932

Heinrich I. fühlt sich gerüstet zum Kampf gegen die Ungarn und verweigert den ungarischen Gesandten den Tribut.

933

Die Ungarn fallen in Sachsen ein. Bei Riade an der Unstrut in Thüringen kommt es zur Schlacht. Heinrich siegt und kann die Ungarn zurückschlagen.

Eginold, 933–70; Abt von Gorze und Vorkämpfer der Lothringer Reform.

934

In der Schlacht von Haithabu kann Heinrich I. einen Angriff der Dänen abwehren.

Beginn der Gorzer Klosterreform, benannt nach dem Kloster Gorze bei Metz in Lothringen.

Das Benediktinerkloster Einsiedeln in der Schweiz entsteht.

935

Die Ungarn fallen über Bayern und Schwaben in Burgund, Frankreich und der Provence ein.

Roswitha von Gandersheim, 935–73; erste deutsche Dichterin und erste Dichterin seit der Antike überhaupt.

936

Heinrich I. stirbt und sein Sohn Otto der Große wird sein Nachfolger.

Otto I. der Große

Otto wurde am 23. November 912 in Wallhausen in Sachsen-Anhalt geboren. Noch zu Lebzeiten seines Vaters spielte Otto als designierter Nachfolger keine große Rolle in der Öffentlichkeit. Einzige Ausnahme blieb die Hochzeit mit der englischen Königstochter Edgith.

Nach dem Tod seines Vaters wurde er 936 in Aachen zum König gewählt, gesalbt und gekrönt.

Im Gegensatz zu seinem Vater nannte er sich tatsächlich König von Ostfranken, denn es war das klare Ziel Ottos und seiner Nachfolger, das fränkische Großreich wieder zu errichten. Daher auch der aussagekräftige Krönungsort, der bewusst an fränkische Traditionen anknüpfte. Auch sein weiteres Vorgehen zeigte in diese Richtung.

Schon die ersten Jahre waren gekennzeichnet durch einen Bürgerkrieg, der im Folgejahr begann und sich bis 941 hinzog. Grund war, dass Otto bestrebt war, die Königsmacht weiter zu stärken und die Übermacht, vor allem der Herzöge, zu schmälern. Da jedoch Otto stets darauf bedacht war, sich mit dem Adel gütig zu einigen, konnte er viele Aufständische letztlich für sich gewinnen. Andere, wie sein Halbbruder Thankmar oder die Herzöge Eberhart von Franken und Giselbert von Lothringen, fielen jedoch im Kampf. Sein zweiter Halbbruder Heinrich unterwarf sich 941 endgültig Otto, womit auch dieser Krieg ein Ende fand.

Bereits 940–41 vermittelte er im Westfrankenreich, was 942 zu einer Aussöhnung der innenpolitischen Feinde führte. Gleichzeitig verzichtete Westfranken endgültig auf Lothringen.

So gestärkt konnte er es sich sogar erlauben, 948 als Schiedsrichter der inneren Angelegenheiten des Westfrankenreiches auf der Synode von Ingelheim aufzutreten. Wodurch das dort schwelende Schisma beendet werden konnte.

Ein weiterer Erfolg war die Aussöhnung mit Böhmen, das auf diese Weise friedlich und dauerhaft in das Reich eingegliedert werden konnte.

Als seine erste Frau Edgith 946 starb, heiratete Otto 951 die italienische Königswitwe Adelheid, womit er, ebenfalls friedlich, die lombardische Königskrone an das Reich binden konnte.

Doch führte das auch zu Problemen. Als Adelheid 952 einen Sohn zur Welt bringt, kommt es zum Aufstand von Ottos Sohn Liudolf. Der Konflikt hatte zuerst seinen Schwerpunkt in Sachsen, Franken und Bayern. Nachdem Otto das rebellische Mainz 953 zunächst belagert und dann wieder für sich gewinnen kann, verlagert sich das Geschehen nach Bayern. Liudolf gelingt es, Regensburg einzunehmen. Doch Otto setzt ihm nach und stellt ihn in der Stadt. Die Belagerung und Schlacht weichen schließlich Verhandlungen und der Bürgerkrieg endet 954.

955, das Jahr der Schlacht bei Augsburg. Die Ungarn, wohl durch die inneren Konflikte des Reiches angelockt, drangen erneut mit einer großen Streitmacht im Deutschen Reich ein. Ihr Zug ging bis Augsburg, das sich zäh verteidigte und nicht daran dachte, die Fahnen zu streichen. Dadurch hatte Otto Zeit bekommen, ein schlagkräftiges Heer zu sammeln und nach Süden zu ziehen. Am 10. August kam es zur Entscheidungsschlacht. Otto siegte nicht nur, sondern er ließ den Ungarn nachstellen und sie komplett aufreiben. Die Gefangenen wurden schließlich allesamt wie gemeine Räuber aufgehängt. Die Niederlage der Ungarn war total.

Da die Schlacht unter dem Banner des Hl. Michael geführt wurde, wurde aufgrund des guten Ausganges der Schlacht St. Michael zum Schutzpatron der Deutschen und des Deutschen Reiches erhoben. Die Farben des Reiches wurden, getreu den Farben der Fahne, Rot-Weiß.

Den Höhepunkt seiner Macht erreichte Otto I. 962, als er in Rom zum Kaiser gekrönt wurde. Dieses Ereignis markiert auch den Beginn des Heiligen Römischen Reiches. Bis 972 wird er nur mehr ein Jahr in Deutschland weilen, um die zerrütteten Verhältnisse in Italien ordnen zu können. Was auf der anderen Seite auch für seine Anerkennung spricht, denn in all der Zeit seiner Abwesenheit gab es keine Erhebungen mehr gegen ihn.

972 kehrte er schließlich nach Deutschland zurück. 973 begab er sich nach der Pfalz Memleben, wo schon sein Vater gestorben war, um dort wohl Pfingsten zu feiern. Kurz nach der Ankunft verstarb er nach kurzer heftiger Krankheit im Alter von 61 Jahren. Er wurde nach Magdeburg überführt und im Dom beigesetzt, wo er seither ruht.

937

Die Ungarn fallen in Frankreich ein.

Der Erzbischof von Bremen-Hamburg erhält für Bremen die königlichen Grundrechte verliehen.

Otto I. gründet das Mauritiuskloster in Magdeburg in Sachsen-Anhalt.

Auf dem Gebiet der heutigen Bundesländer Mecklenburg-Vorpommern und Brandenburg werden die Billunger und die Nordmark errichtet.

938

Die Ungarn fallen in Sachsen ein.

Erstmals werden Ort und Burg Althofen, Kärnten, erwähnt.

939

Die Schlacht bei Birten. In der Schlacht von Andernach in Rheinland-Pfalz unterliegt die Fürstenopposition Otto. Eberhard und Giselbert, die Herzöge von Franken und Lothringen und Ottos Widersacher, fallen beide in der Schlacht.

Als Konsequenz des Aufstandes von Eberhard wird das fränkische Herzogtum aufgehoben. Franken, ähnlich wie Thüringen oder Alemannien, bleibt jedoch als Sprach-, Rechts- und Kulturraum erhalten.

940

Otto I. vertreibt die Westfranken endgültig aus Lothringen und setzt einen neuen Präfekten ein.

Willigis, 940–1011; Heiliger Erzbischof von Mainz.
Leopold I. von Österreich, 940–94; Markgraf von Österreich.

942

Das Stift Walbeck (1591 reformiert, 1810 aufgehoben), Sachsen-Anhalt, wird errichtet.

Die Ungarn stoßen in ihrem weitesten Ausgreifen bis Spanien vor.

943

Die Ungarn plündern Griechenland.

Ein weiterer ungarischer Vorstoß wird in der Schlacht auf der Welser Heide, Oberösterreich, abgewehrt.

944

Der Ort Helmarshausen, Hessen, wird erstmalig urkundlich erwähnt.

Vor 947

Die Königsmutter Mathilde stiftet das Kloster Enger in Nordrhein-Westfalen.

947

Otto I. gewährt den Klöstern Einsiedeln in der Schweiz und Essen in Nordrhein-Westfalen die Immunität. Dies bedeutete, dass sie rechtlich nur mehr dem König unterstellt waren.

Um diese Zeit herum wurde das Kloster Essen auch exemt, also der Oberhoheit des Bischofs entzogen.

Die Ungarn ziehen ein zweites Mal bis nach Otranto in Süditalien.

948

Otto I. errichtet die Bistümer Brandenburg, Havelberg, Schleswig und Oldenburg (alle in der Reformation aufgelöst).

949

Für Gent, Belgien, ist erstmals eine Pfarrkirche nachweisbar.

Um 950

Die Bayern stoßen nach einem Sieg über die Ungarn bis nach Sopron vor.

Otto schließt mit Boleslav I. von Böhmen Frieden. Böhmen verpflichtet sich zu Tribut und Heerfolge und wird damit Teil des Reiches.

Rathold von Aibling gründet auf dem Georgenberg in Tirol eine Zelle und begründet damit eine bis heute andauernde Marienwallfahrt.

Seit dieser Zeit ist die Besiedelung des Stadtgebietes von Hannover in Niedersachsen nachweisbar.

Herzog Liudolf von Schwaben gründet ein Gestüt mit Namen Stuotgarten, es sind die Anfänge des heutigen Stuttgart.

Die „Freisinger Denkmäler" entstehen. Sie sind das älteste Schriftdenkmal der slowenischen Sprache, bei der es sich auch um die erste slawische Sprache mit lateinischem Alphabet handelt.

Notker III. Teutonicus, 950–1022; Abt von St. Gallen und Übersetzer.

951

Bei einem weiteren Vorstoß erreichen die Ungarn Nordfrankreich und stoßen bis Lyon vor.

Heinrich der Zänker, 951–95; Herzog von Bayern und Herzog von Kärnten.

952

Otto heiratet die italienische Königswitwe Adelheid. Damit geht die lombardische Königswürde auf Otto über.

953–54

Aufstand Liudolfs und Herzog Konrads des Roten gegen Otto.

953

Die Belagerungen von Mainz, Augsburg und Regensburg.

Die Ungarn ziehen plündernd bis vor Konstantinopel.

954

Die Schlacht von Regensburg entscheidet den Ausgang des Aufstandes zugunsten Ottos.

Die Ungarn ziehen bis nach Sachsen, wenden sich dann nach Frankreich, ziehen über Burgund und bis nach Italien.

Otto beginnt damit, systematisch geistliche Würdenträger im Rahmen des Lehnwesens mit weltlichen Aufgaben zu betrauen. Das ottonisch-salische Reichskirchensystem beginnt.

Ein Einfall der Sarazenen führt diese plündernd bis nach Chur in der Schweiz.

Die Reichskirche

Unter dem Reichskirchensystem der Zeit der Ottonen und Salier versteht man die Belehnung von Geistlichen zur Verwaltung des Reiches.

Um dies recht verstehen zu können, sind zwei Punkte von größter Bedeutung.

In der Zeit Ottos wuchs das Bedürfnisse enorm an, Gebiete zu verwalten. Straßen, Klöster, Pfalzen, Burgen und erste Städte führten zu einem Anwachsen des Handels, des Verkehrs, aber auch der Rechtsstreitigkeiten und Privilegien.

Doch Verwaltung erfordert ganz andere Fähigkeiten, als sie der Adel in dieser Zeit stellen konnte. Dieser war voll und ganz damit beschäftigt, für Recht und Ordnung sowie für die Abwehr von Feinden zu sorgen.

Die Einzigen, die in angemessener Zahl dazu in der Lage waren, waren die Kleriker. Deshalb behalfen sich die Herrscher damit, Bischöfe und Äbte mit Lehen auszustatten, um ihnen dadurch die finanziellen Möglichkeiten zu geben, Aufgaben für das Reich zu übernehmen.

Zum anderen hatte schon Ottos Vater Heinrich erkannt, dass der hohe Adel in der Regel darauf bedacht war, seine eigene Macht auf Kosten des Reiches zu vergrößern, was ja auch Otto selbst zu spüren bekommen hatte.

Es scheint, dass sich daraus die Einsicht entwickelt hat, dem Adel besser nicht noch mehr Macht zukommen zu lassen als unbedingt nötig.

Der große Vorteil, der sich dabei für die Krone bot, war, dass die Geistlichen keine Kinder hatten, die als Erben auftreten konnten, was den Rückfall der Lehen mit dem Tod des Inhabers garantierte.

955

In der Schlacht von Mühldorf am Inn besiegt Otto die restlichen Aufständischen. Unter anderem wird auch der aufständische Erzbischof von Salzburg, Herold, gefangen, geblendet und nach Säben verbannt.

König Otto I. besiegt die Ungarn auf dem Lechfeld bei Augsburg. Die Ungarngefahr ist endgültig gebannt.

Den Einfall der Ungarn ausnutzend fallen Slawen in Sachsen ein, werden aber, nach gescheiterten Verhandlungen, in der Schlacht an der Raxa in Mecklenburg-Vorpommern entscheidend besiegt.

In Magdeburg, Sachsen-Anhalt, wird mit dem Bau des ottonischen Domes begonnen.

Der Ort Saalfelden kommt zum Erzbistum Salzburg.

Vom Panzerreiter zum Ritter

Um dem Wandel in der Kriegsführung des Mittelalters gerecht zu werden, muss zunächst auf die Kriegsführung der Antike verwiesen werden.

In der Antike war das Ideal des Kriegers ein Kämpfer zu Fuß. Man kannte zwar auch Kavallerie, doch waren das immer nur Hilfstruppen geblieben – zum Beispiel zum Jagen von Plänklern, als Aufklärer oder um dem Feind in den Rücken zu fallen.

Die Römer hatten aufgrund ihrer enormen Disziplin und herausragenden Taktik ein Feldheer geschaffen, welches über Jahrhunderte das Maß aller Dinge blieb. Erst in der Völkerwanderung trat ein Wandel ein.

Im Frühmittelalter überwog zwar immer noch der Fußsoldat, doch gewann die Reiterei seit den Tagen Karl Martells im 8. Jahrhundert immer mehr an Bedeutung.

Seinen Grund hatte dies in der über Jahrhunderte währenden Bedrohung durch Reiternomaden. Von den Hunnen des 4. und 5. Jahrhunderts, den Awaren des 6. bis 8. Jahrhunderts, den Sarazenen und Arabern des 8.–10. Jahrhunderts bis zu den Ungarn des 9. und 10. Jahrhunderts. Bei all diesen Bedrohungen entstand jedes Mal das gleiche Problem. Schnelle Reiter konnten nahezu ungehindert das Land plündern, großen Heeren konnten sie leicht ausweichen oder davonreiten.

Durch die Wikingereinfälle des 8. bis 10. Jahrhunderts wurde das Problem auf die Spitze getrieben.

So entstand ein latentes Bedürfnis nach schnelleren Truppen. Im 8. Jahrhundert wurden die Franken dann, vor allem unter Karl Martell, dazu übergehen, gezielt eine Reitertruppe aufzustellen. Karl der Große würde dies weiter befördern, indem er anordnete, dass letztlich mehrere Familien zusammen einen Reiter stellen mussten. Dieser war dann auch kein Wehrpflichtiger im eigentlichen Sinn mehr, sondern „Berufssoldaten".

Dabei kam es zu einer Verschmelzung verschiedener Traditionen. Die Franken behielten bei ihrer Reiterei Schwert und Axt als Nahkampfwaffen. Vermutlich von den Goten übernahmen sie die Lanzen, die deutlich länger waren als Speere. Von den Awaren wurde schließlich auch der Steigbügel übernommen, was ein bedeutender Vorteil im Nahkampf war. Der Bogen, wie er bei den Nomaden üblich war, wurde hingegen nicht genutzt.

Doch zeigte sich schnell eine weitere große Schwierigkeit. Ausbildung und Ausrüstung sowohl des Reiters als auch des Schlachtrosses waren sehr teuer. Dies verursachte enorme Belastungen für sehr viele Menschen.

Eine weitere Schwierigkeit war die Heerfolge gewesen. Alle Freien waren dazu verpflichtet. Doch je mehr man auf Reiter setzte, desto weniger Männer konnten sich das leisten. Schon unter

Karl dem Großen wurde offensichtlich, dass nicht einmal mehrere Familien zusammen in der Lage waren, einen Reiter zu stellen, einfach weil die Kosten so enorm waren. Zur Orientierung: Ein Ritter bestand im Hochmittelalter aus einem Ritter und zumeist drei Knappen und Knechten, von denen alle beritten waren. Auch im Frühmittelalter war es üblich, dass der Reiter mindestens drei Pferde hatte, eines zum Reiten, eines zum Kämpfen und ein Lasttier. Von der Ausrüstung ganz zu schweigen.

Um diese beiden Probleme zu beseitigen, ging man dazu über, die Reiter selbst mit Land und Gütern in Form von Lehen auszustatten. Aber auch Freie, die dem Wehrdienst entgehen wollten, unterstellten sich großen Adeligen und trugen so zur Versorgung der Reiterei bei.

Man sollte aber nicht der Gefahr erliegen, die Ritter als etwas Statisches anzusehen. Sowohl ihr Erscheinungsbild als auch ihr Selbstverständnis wandeln sich im Laufe des Mittelalters erheblich.

Nach 955

Ezzo, nach 955–1034; Pfalzgraf von Lothringen.

956

Das St.-Miachelis-Kloster in Lüneburg wird erstmals schriftlich erwähnt (1656 aufgehoben). Es ist zugleich auch die erste Nennung von Lüneburg in Niedersachsen.

Die Kunstepoche der Ottonik.

Die Ottonik

Unter der Ottonischen Kunstepoche versteht man so etwas wie eine Frühromanik. Wie nicht anders zu erwarten, wurzelte sie in der karolingischen Kunstepoche. Im Laufe des 10. und 11. Jahrhunderts transformierte sie sich aber zu einer neuen selbstständigen Kunstrichtung.

Bedingt wurde dies durch drei Faktoren.

Der erste war der von da an „regelmäßige" Kontakt mit den antiken Überresten in Italien. Aber auch die frühchristlichen Bauten dürften Eindruck gemacht haben. Wer schon einmal in Sankt Paul vor den Mauern in Rom war bekommt eine Vorstellung davon wie dieser Eindruck war und wie eventuell Alt- Sankt Peter auf seine Zeitgenossen gewirkt hat.

In der zweiten Hälfte des 10. Jahrhunderts gesellt sich als Zweites der Kontakt mit der byzantinischen Kunst dazu. Nicht nur über Venedig, sondern vor allem über Heirat und Gesandtenaustausch.

Als Drittes muss man die konsequente Weiterführung der Reichs- und Kaiseridee der Franken nennen, die sich in Architektur und Kunst niederschlug.

Der Name „Renaissance" ist auch deshalb passend, weil, wie schon bei den Karolingern, der kulturelle Aufschwung erstmals wichtig und sichtbar wurde.

Man nehme den Burgen- und Kirchenbau der Ottonen, die enorme Impulse durch das Land jagten. Alleine diese Bauten zu organisieren und zu planen erforderte schon einen großen Aufwand, der zahlreiche Gewerke beförderte. Die einzelnen Bistümer, die mit ihren Messutensilien ausgestattet werden mussten, die Bücher, die angefertigt wurden, und die Gewänder. Dies alles machte eine Vielzahl von Handwerkern notwendig.

Ebenso die Burgen. Die Besatzung musste ja verköstigt werden, Brennholz und Ausrüstung mussten gelagert und nachgeliefert werden.

Und die Reiterheere erst. Die Dressur der Streitrösser war eine Kunst für sich und die Armeen jener Zeit benötigten Unmengen an Lasttieren und Karren, um alles Notwendige von A nach B schaffen zu können.

Verwaltung, Rechtsprechung und Diplomatie förderten den Wissensaustausch, genauso wie sie das Land auch befruchteten. Steuern und Abgaben, Privilegien und Verträge, Verhandlungen und Beschlüsse mussten nicht nur niedergeschrieben, sondern auch gesichtet und aufbewahrt werden.

Die Kirchenpolitik ist dabei ein wichtiger Faktor gewesen. Als Beispiel sind die Synoden zu nennen. Dadurch, dass es immer wieder zu solchen Versammlungen kam, konnte es auch zu immer häufigeren Treffen der Amts- und Würdenträger untereinander kommen, was den Austausch von Erfahrung und Wissen beflügelte.

Nicht zuletzt die Mission brachte wichtige Impulse für Geografie, Handel, Verkehr oder Sprachwissenschaft.

Da das Reich innerlich fest blieb und von außen keine großen Bedrohungen mehr das Land heimsuchten, konnte das 10. Jahrhundert, obwohl es quellenmäßig das dunkelste ist, das zarte Pflänzchen der Kultur zu einer ersten Blüte bringen.

956

Adam von Bremen, 956–997; Bischof von Prag und Märtyrer.

957

Der Ort Aschaffenburg, Bayern, findet erstmals Erwähnung.

958

Erzbischof Heinrich von Trier lässt das Marktkreuz in der Mitte der Stadt aufstellen.

Regelinde, Herzogin in Schwaben, stirbt.

959

Das Kloster St. Cyriakus in Gernrode in Sachsen-Anhalt (1612 aufgehoben) wird gegründet.

Lothringen wird in Ober- und Niederlothringen geteilt, um die Macht des lothringischen Herzogs zu beschneiden.

Um 960

Der Bischofssitz von Säben wird nach Brixen in Tirol verlegt.

Der heilige Gerold begründet die nach ihm benannte Propstei St. Gerold in Vorarlberg.

Das *Liber primus* der Roswitha von Gandersheim entsteht.

961

Bernburg in Sachsen-Anhalt wird als Brandanburg erstmals erwähnt.

961-97

Das Stift und die Pfalz von Quedlinburg in Sachsen-Anhalt werden neu gebaut.

962

Otto I. wird in Rom zum Kaiser gekrönt. Beginn des Heiligen Römischen Reiches. Zur Krönung wird die heutige Kaiserkrone angefertigt. Bügel und Kreuz werden aber erst im 11. Jahrhundert wohl unter Kaiser Konrad II. hinzugefügt.

963

Widukind von Corvey erwähnt erstmals einen polnischen Staat unter dem Herzog Mieszko.

Der Ort Luxemburg wird erstmals als Luciliburhuc erwähnt.

964–80

Die Kirche St. Pantaleon in Köln wird gebaut.

965

Der Erzbischof von Mainz wird zum Erzkanzler des Reiches bestellt, was er bis 1806 bleiben wird.

Dem Moritzkloster in Magdeburg wird ein Markt-, Münz- und Zollrecht verliehen.

Um dieses Jahr herum entstehen die *Gesta Ottonis* und das *Liber secundus* der Roswitha von Gandersheim.

966

Der polnische Herzog Mieszko lässt sich taufen und nimmt für sich und ganz Polen das Christentum an.

Boleslaw I. Chrobry, 966–1025; Herzog und erster König von Polen.

Um 967

Widukind von Corvey verfasst seine Sachsengeschichte *Rerum gestraum Saxonicarum libri.*

968

Das Erzbistum Magdeburg in Sachsen-Anhalt sowie die Bistümer Meißen, Merseburg und Naumburg, alle drei liegen in Sachsen, als Suffragane werden errichtet.

Im Ort Metz in Lothringen wird das Kloster St. Vinzens gegründet.

972

Die „Heiratsurkunde der Theophanu" entsteht.

Stephan I. von Ungarn, 972–1038; Apostolischer König von Ungarn und Patron Ungarns.

973

In der Schlacht von Tourtour in Südfrankreich besiegen die Franzosen die Sarazenen entscheidend, womit der Großteil ihrer Besitzungen in Südfrankreich verloren geht.

Um diese Zeit herum entsteht die *Primordia coenobii Gandeshemensis*, eine Geschichte über das Stift Gandersheim, der Roswitha von Gandersheim.

974

Der Ort Eschwege in Hessen wird als Königshof erstmals genannt.

Brun von Querfurt, 974–1009; Märtyrer und Missions-Erzbischof.

Um 975

Die heutige Stadt Lingen, Niedersachsen, findet erst mal schriftliche Erwähnung.

Die *Vita Mathildis* über Königin Mathilde entsteht.

Gegen Ende des Jahrhunderts beginnt die Durchschnittstemperatur wieder deutlich zu steigen, was der weiteren Entwicklung Europas sehr entgegenkommt.

Das Essener Münster in Nordrhein-Westfalen wird gebaut.

976

Nach der Absetzung Heinrichs des Zänkers wird Kärnten von Bayern getrennt und zum selbstständigen Herzogtum erhoben. Damit ist Kärnten das älteste der österreichischen Bundesländer.

Da er treu zum Kaiser steht, wird Leopold aus dem Haus der Babenberger Markgraf in der bayrischen Ostmark. Als Leopold I. wird er die Dynastie in Österreich begründen.

Von Carantanien nach Kärnten

Der Name „Kärnten" leitet sich vom slawischen Stamm der Karantanen her. Allerdings ist dabei zu bemerken, dass es sich um einen slawischen und nicht um einen slowenischen Stamm handelt. Gleichwohl sind die Karantanen die Vorfahren der Slowenen.

Ab 743 näherten sich Carantanien und Bayern an, die ersten Missionen setzten ein. 757 begann eine erste Mission von Salzburg aus, mit dem Bau der ersten Kirche in Kärnten in Maria Saal. Dies geschah deshalb dort, da sich der „Regierungssitz" der Karantanen in Karnburg, westlich von Maria Saal befand.

Im Jahr 772 wurde Kärnten schließlich ein Teil Bayerns, dass damit sowohl dem Christentum als auch der deutschen Besiedelung endgültig gewonnen wurde. Dabei war Carantanien allerdings wesentlich größer als das heutige Kärnten.

Es gehörte damals auch das ganze heutige Osttirol im Westen dazu, im Osten reichte Kärnten bis zur Mur und im Süden bis zur Drau.

Durch konsequenten Landesausbau und Missionsarbeit wurde das Land schnell in Bayern heimisch. Da es nur dünn besiedelt war, hatte Kärnten während der Ungarneinfälle Glück im Unglück. Größere Zerstörungen blieben ihm erspart.

Das Jahr 976 wird dann zur Geburtsstunde des Landes. Mit der Absetzung Heinrichs des Zänkers wurde auch beschlossen, Bayern zu schmälern, um die Macht er Bayernherzöge nicht zu groß werden zu lassen. So wurde Kärnten von Bayern abgetrennt und ein selbstständiges Herzogtum. Damit sich in Kärnten aber nicht das bayerische Problem wiederholen konnte, wurde den neuen Herzögen wenig Besitz zugeteilt, um sie so besser unter Kontrolle halten zu können. Auch eine einzige Familie wurde nicht mit dem Land belehnt, sondern zu Beginn stetig neue Herzöge ernannt.

Zugleich verwalteten die neuen Herzöge auch die Markgrafschaften Verona und Friaul, was sie mit der Zeit aber dennoch wieder zu mächtig werden ließ. Um diese aufkommende Macht zu beschneiden verloren sie diese Gebiete bis zur Mitte des 13. Jahrhunderts wieder. Seit etwa dieser Zeit hat Kärnten den Umfang, den es heute hat.

Zu Österreich kam Kärnten, nachdem 1335 die regierende Herzogsfamilie der Görzer ausgestorben war. Damals wurden die Habsburger mit Kärnten belehnt. Als dann im Jahr 1500 auch die letzte Linie der Görzer ausstarb, konnte das Land geeint werden, da nun auch der Westteil an Kärnten und damit Österreich, zurückfiel.

Das Haus der Babenberger

Die genaue Herkunft dieses Geschlechtes ist unbekannt. Vielleicht stammen sie von den älteren Babenbergern ab oder aus Bayern selbst. Leopold I. ist jedenfalls der erste namentlich bekannte Vertreter seines Geschlechtes.

Konsequent bauten sie ihre Herrschaft in dem Grenzland aus. Die ursprüngliche Grenze war ja nach dem Ungarnsturm die Enns geworden. Von dort aus erreichte Leopold 991 die Fischa, einen Fluss östlich von Wien.

Um das Jahr 1000 wurde die Leitha erreicht, welche bis 1919 die Grenze zu Ungarn blieb. Sitz des Markgrafen wurde damals Melk. 1043 wurden die Böhmische und die Ungarische Mark mit Österreich vereint.

Nachdem die Babenberger im Investiturstreit an der Seite der Päpste gestanden hatten, war das fast das Ende des Geschlechts geworden. Doch im staufisch-welfischen Gegensatz stellen sie sich wieder auf die Seite des Kaiserhauses, wodurch sie kurzfristig auch Herzöge von Bayern wurden.

Um Heinrich II. Jasomirgott den Rücktritt als Herzog von Bayern schmackhaft zu machen, erhob Friedrich I. Barbarossa Österreich mit dem *Privilegium minus* zum Herzogtum.

Ausgestattet damit konnte er an den weiteren Aufbau seines Landes gehen. Neue Residenz wurde nun Wien.

Bei der Aufteilung Bayerns 1180 kam dann noch das Mühlviertel dazu.

Auch die Landesfarben Rot-Weiß-Rot gehen auf die Babenberger zurück. Ob es nun während des 3. Kreuzzuges war oder weil Rot-Weiß die Farben des Reiches waren und Grenzgebiete wie Österreich oftmals als Zeichen ihrer Zugehörigkeit zum Reich diese Farben trugen, ist nicht genau bekannt.

Den Höhepunkt erreichte das Geschlecht 1192. 1186 war die Georgenberger Handfeste abgeschlossen worden. Sie regelte die Nachfolge beim Aussterben der Traungauer, die die regierende Herzöge der Steiermark waren. Der Erbfall trat 1192 ein und die Babenberger wurden Herzöge von Österreich und Steiermark in Personalunion.

Sein Ende fand das Geschlecht in der Schlacht von Ebenfurt an der Leitha im Jahr 1246, in welcher der kinderlose Herzog Friedrich II. der Streitbare zwar die Schlacht für sich entscheiden konnte, jedoch selbst den Tod fand.

977

Wiedererrichtung des Klosters Michaelbeuern in Salzburg durch den Pfalzgrafen Hartwig I. nach seiner Zerstörung im Ungarnsturm.

Im Pfälzerwald, Rheinland-Pfalz, wird ein dem Hl. Lambert geweihtes Kloster errichtet (1553 aufgehoben). Beim Kloster entsteht eine Siedlung, aus der sich die heutige Stadt Lambrecht, Pfalz, entwickelte.

Egbert, 977–93; Erzbischof von Trier und Kanzler Ottos II.

979

Villach in Kärnten geht als Lehen an die Bischöfe von Säben/ Brixen. Zugleich ist es auch der erste Namensnachweis des Ortes überhaupt.
Goslar in Niedersachsen wird erstmals genannt.

Um 980

Erstmals wird die – wohl um 900 errichtete – Styraburg genannt. Sie wird zum Kern des nachmaligen Steyr in Oberösterreich.

980/90

Ekkehard IV. von St. Gallen; 980/90–1056; Mönch, Dichter, Chronist und Gelehrter.

981

Das Kloster Corvey in Niedersachsen wird exemt.

Die Klosterkirche Cluny II des gleichnamigen Klosters in Burgund, Frankreich, wird eingeweiht.

982/92

Dillingen in Sachsen-Anhalt wird erstmals namentlich erwähnt.

983

Durch den großen Slawenaufstand geht das Havelland und Brandenburg wieder verloren. Das Gebiet bleibt slawisch kontrolliert.

985

Beginn der Liutizenfeldzüge.
Erstmals wird der Ort Gastein in Salzburg schriftlich erwähnt.
Königsstetten in Niederösterreich wird erstmals genannt.

Gisela von Bayern, 985–1065; Königin von Ungarn und Äbtissin.
Radbot, 985–1045; Graf im Klettgau, Begründer derer von Habsburg.

986

Herzog Mieszko empfängt in Quedlinburg Polen als Lehen aus den Händen Ottos II.

987

Erzbischof Friedrich I. von Salzburg vollzieht die Trennung von Kloster St. Peter und dem Erzbistum Salzburg. Bis dahin war der Erzbischof auch zugleich Abt von St. Peter.

Ludwig V. von Westfranken stirbt und mit ihm das Geschlecht der Karolinger in Westfranken aus.

993

Papst Johannes XV. spricht Bischof Ulrich von Augsburg, den Verteidiger Augsburgs gegen die Ungarn 955, heilig. Er ist der erste offiziell kanonisierte Heilige überhaupt.

994

Richeza, 994–1063; Königin von Polen.

994/1002

Unter Kaiser Otto III. wird der schwarze Adler auf goldenem Grund zum Wappen des deutschen Königs.

995

Knut der Große, 995–1035; König von Dänemark, England und Norwegen.

996

Erste Romfahrt Ottos III. Ab dieser Zeit beginnen die deutschen Könige vermehrt, ihre Schutzfunktion für das Papsttum auszuüben, um die Kurie aus dem Einfluss des römischen Adels zu befreien.

Mit Papst Gregor V., regierte 996–99, wird erstmals ein Deutscher zum Papst gewählt.

Salzburg erhält von Kaiser Otto III. das Markt-, Münz- und Mautrecht.

Dem Ort Freising in Bayern wird ein Marktrecht verliehen.

Im gleichen Jahr wird in einer Schenkungsurkunde Ottos der Name Österreichs als *ostarrichi* erstmals erwähnt.

997

Gisela, Tochter des Bayernherzogs Heinrich des Zänkers, heiratet Vayk, Sohn des ungarischen Großfürsten Geza. Vayk wird später unter dem Namen Stephan I. bekannt werden. Die Christianisierung Ungarns nimmt damit Fahrt auf.

998

Der zweite Romzug Ottos III.: Er setzt den vertriebenen Papst wieder ein und ordnetedie Bestrafung der Usurpatoren an. Dadurch konnte er die päpstliche wie kaiserliche Autorität stärken.

999

Saarbrücken, Saarland, wird erstmals in einer Urkunde erwähnt.

Literaturverzeichnis

(Auszug)

- Althoff, G. Die Ottonen. Königsherrschaft ohne Staat. (3. Auflage) Stuttgart. 2012.
- Antz, Ch. (HG). Strasse der Romanik. Verlag Janos Stekovics. Halle a. d. Saale. 2005.
- Bär, A. und Quensel, P. (HG). Bildersaal deutscher Geschichte. Verlag Styria. Graz. Wien. Köln. 1997.
- Barraclough, G. (Hg). Knaurs Neuer Historischer Weltatlas. (5. vollständig überarbeitete Auflage herausgegeben von Parker, G.). Droemer Knaur. München. 1995.
- Beuckers, K., Cramer, J. und Imhof, M. (HG). Die Ottonen. Kunst, Architektur, Geschichte. Michael Imhof Verlag GmbH & Co KG. Petersberg. 2006.
- Borst, A. Lebensformen im Mittelalter. Lizenzausgabe. Nikol Verlagsgesellschaft mbH& Co. KG. Hamburg. 2004.
- Cohn, Normann. Apokalyptiker und Propheten im Mittelalter. Übersetzt und überarbeitet von Wenner, B. Lizenzausgabe für Verlag HOHE GmbH. Erfstadt. 2007.
- Dannheimer, H. und Dopsch, H. (Hg). Die Bajuwaren. Von Severin bis Tassilo 488-788. Gemeinsame Landesausstellung des Freistaates Bayern und des Landes Salzburg. (1. Auflage). Freistaat Bayern und Land Salzburg. 1988.
- Dopsch, H. (HG). Geschichte Salzburgs. Stadt und Land. Band I/1. Verlag Anton Pustet. Salzburg. 1981.
- Dopsch, H. (HG). Geschichte Salzburgs. Stadt und Land. Band I/2. Verlag Anton Pustet. Salzburg. 1983.
- Dopsch, H. Kleine Geschichte Salzburgs. Stadt und Land. Verlag Anton Pustet. Salzburg. 2001.
- Eichstätter Studien. Band 76. Blumberg, A. Petrynko, O. (Hg). Historia magistrae vitae. Festschrift für Johannes Hofmann zum 65. Geburtstag. Verlag Friedrich Pustet. Regensburg. 2016.

- Ewig, E. Die Merowinger. Mit Literaturnachträgen von Nonn, U. (6. Auflage). Urban Taschenbücher. Band 392. W. Kohlhammer GmbH. Stuttgart. 2012.
- Gerhard, U. Schätze deutscher Kunst. Verlag Bertelsmann. München, Gütersloh, Wien. 1972.
- Graf Oxenstierna, E. Die Wikinger. Kohlhammer Verlag. Stuttgart 1959.
- Grant, R. G. Krieger, Kämpfer und Soldaten. Dorlay Kindersley Verlag GmbH. München. 2008.
- Hägermann, D. (HG). Das Mittelalter. Die Welt der Bauern, Bürger, Ritter und Mönche. Verlag Bertelsmann. München. 2001.
- Hartmann, G. Daten der Kirchengeschichte. Marix Verlag. Wiesbaden. 2007.
- Hubensteiner, B. Bayrische Geschichte. Rosenheimer Verlagshaus GmbH & Co KG. (17. Auflage). Rosenheim. 2009.
- Jerdin, H. Handbuch der Kirchengeschichte. Wissenschaftliche Buchgesellschaft. Darmstadt 2017.
- Kortüm F. Geschichte des Mittelalters. Band I. (1. Auflage). Verlag HOHE GmbH. 2007.
- Kroeschell, K. Deutsche Rechtsgeschichte. Band 1: Bis 1250. (13., überarbeitete Auflage). UTB Taschenbuch. Böhlau Verlag GmbH & Cie. Köln. Weimar. Wien. 2008.
- Laudage, J. Hagwier, L. und Leiverkus, Y. (HG). Die Zeit der Karolinger. Primus Verlag. Darmstadt. 2006.
- Leisering, W.Historischer Weltaltals. (102. Ausgabe). Cornelsen Verlag. Wiesbaden 2007.
- Lexikon des Mittelalters. Band I- VI. Artemis Verlag. München und Zürich. 1980- 93.
- Lexikon des Mittelalters. Band VII- IX. LexMA Verlag GmbH. München. 1995- 98.
- Mehu, D. Gratia Dei. Das Leben im Mittelalter. Verlag Herder Freiburg. Freiburg im Breisgau. 2004.
- Mitteilungen der Gesellschaft für Salzburger Landeskunde. Band 98. Gesellschaft für Salzburger Landeskunde. Salzburg. 1958.

- Mitteilungen der Gesellschaft für Salzburger Landeskunde. Band 101. Gesellschaft für Salzburger Landeskunde. Salzburg. 1961.
- Mitteilungen der Gesellschaft für Salzburger Landeskunde. Band 115. Gesellschaft für Salzburger Landeskunde. Salzburg. 1975.
- Mitteilungen der Gesellschaft für Salzburger Landeskunde. Band 154/55. Gesellschaft für Salzburger Landeskunde. Salzburg. 2014/15.
- Ortner, F. Das Erzbistum Salzburg in seiner Geschichte. Band 1- 5. Straßburg. 1994.
- Perin, P., Forni, P. So lebten sie zur Zeit der Völkerwanderung. Tessloff. Nürnberg. 1985.
- Pollack, W. (HG). Tausend Jahre Österreich. Band I- III. Verlag Kremayr und Scheriau. Wien 1973.
- Schieder, T. (HG). Handbuch der Europäischen Geschichte. Band 1. Ernst Klett Verlag. Stuttgart. 1976.
- Schwaiger, G. (HG). Mönchtum. Orden. Klöster. Von den Anfängen bis zur Gegenwart. Ein Lexikon. Beck'sche Reihe. Verlag C. H. Beck. München 1993.
- St. Peter in Salzburg. Das älteste Kloster im deutschen Sprachraum. Schätze europäischer Kunst und Kultur. Amt der Salzburger Landesregierung. 1982.
- Verlag Herder. Kleine deutsche Kirchengeschichte. Zum Papstbesuch. Freiburg im Breisgau. 1980.
- Wagner, W. J. Der große Bildatlas zur Geschichte Österreichs. Kremayr und Scheriau. Wien. 1995.
- Zaisberger, F. Geschichte Salzburgs. Verlag Böhlau. Wien und München. 1998.

Quellenverzeichnis

(Auszug)

- Abt Hautthaler, W., O. S. B., Salzburger Urkundenbuch. 1. Band. Gesellschaft für Salzburger Landeskunde (HG). Salzburg 1910.
- MGH. Concilia. Band 2. Concilia aevi Karolini. Teil 1. Hannover und Leipzig. 1906.
- MGH. Concilia. Band 2. Concilia aevi Karolini. Teil 2. Hannover und Leipzig 1908.
- MGH. Diplomatum Regum et imperatorum Germaniae. Band 1. Hannover. 1979- 84.
- Schieffer, R. und Gross, T. (HG). MGH. Fontes iuris germanici antiqui. Band 3. Hanhsche Buchhandlung. Hannover. 1980.
- Pertz, G. H. MGH. Legum. Band 1. Hannover. 1835.
- Pertz, G. H. MGH. Scriptorum. Band 9. Hannover 1851.
- MGH. Leges Nationum Germanicarum. Lex Baiwariorum. Band 5;2. Hannover und Leipzig.1926.
- Krusch, B. und Levison, W. MGH. Scrpitorum rerum Merovingicarum. Band 6. Passiones vitaeque sanctorum aevi Merovingici. Hannover und Leipzig. 1913.
- Welland, L. MGH. Constitutiones et acta publica imperatorum et regum. Band 1. Hahnsche Buchhandlumg. Hannover. 1893.

Weblinks:

- https://en.wikipedia.org/wiki/Holy_Roman_Empire (30.12.2024)
- http://www.regesta-imperii.de/startseite.html (30.12.2024)
- https://www.heiligenlexikon.de/ (22.12.2024)
- https://www.xn--heiliges-rmisches-reich-hlc.de/index.html (30.12.2024)
- https://www.geschichte-abitur.de/mittelalter/voelkerwanderung (27.12.2024)

Register

Abtei

Bezeichnet ein selbstständiges Kloster dem ein Abt (*abba* im Aramäischen bedeutet Vater) als Oberhaupt vorsteht.

Glosse, Glossar

Das Glossar ist eine Kommentarschrift zu einem bestimmten Text, wie beispielsweise einem Rechtstext oder eine religiösen Text.

Herzog

Meint ursprünglich den Anführer eines Heeres da er „vor dem Heer zog". Dieser ursprünglich militärische Titel wandelt sich im Lauf des Frühmittelalters zu einem Titel des Hochadels. Auch in den einzelnen Stämmen wurden mit der Zeit die gewählten Herzöge erbliche Adelstitel.

Mark, Markgrafschaft

Eine Mark ist ein festumrissenes Gebiet, ähnlich wie markieren. Die Markgrafschaft wiederum war ein genau definiertes Gebiet an der Grenze dem ein Markgraf vorstand. Diese Grafen waren mit besonderen Rechten ausgestattet um den Grenzschutz gewähren zu können.

Markt-, Münz- und Mautrecht

Das Abhalten eines Marktes wie auch die Einhebung von Maut oder das Prägen von Münzen war in alter Zeit ein Vorrecht des Königs. Es durften diese Dinge nur getan werden wenn man vom König dazu ermächtigt worden war. Da man darauf bedacht war dass dies nur an Orten geschieht wo es auch einen Sinn macht beziehungsweise nutzt, wurden solche Rechte nur an die verliehen, welche an florierenden Orten wohnten. Daher sind diese Rechte ein gutes Indiz dafür wie es um die Entwicklung eines Ortes stand.

Maure, Mauren

Ist ein alter Ausdruck für die Berber Nordafrikas. In Mauretanien lebt diese Bezeichnung bis heute fort.

Münster

Bezeichnete ursprünglich eine Klosterkirche, später auch Bischofskirchen und noch später ganz allgemein prächtige oder bedeutende Kirchen.

Propstei

War der Amtsbereich eines Propstes. Dieser war der weltliche Verwalter eines Klosters.

Sarazene

Bezeichnet im Mittelalter einen Araber und später einen Moslem.

Stift

Ist ein gestiftetes Kloster.

Synode

Eine Synode ist eine Versammlung von kirchlichen Würdenträgern um einen oder mehrere bestimmte Punkte zu diskutieren.

Vogt, Vogtei

Ein Vogt ist ein weltlicher Verwalter einer kirchlichen Einrichtung gewesen. Im Gegensatz zu einem Propst ist dieser allerdings kein Geistlicher.

Der Autor

Geschichte und Geschichten – das sind die beiden großen Leidenschaften des 1981 in Salzburg geborenen Reinhard Fürst. Obwohl ihn sein beruflicher Werdegang trotz Geschichtsstudiums zunächst in den Einzelhandel führte – zuletzt arbeitete er als Filialleiter –, blieb er seinen Interessen stets treu. Mit der Veröffentlichung der Annales Teutonicorum erfüllt er sich nun seinen lang gehegten Traum. Wenn er nicht gerade in längst vergangene Zeiten eintaucht, widmet er sich seiner Familie, der Gartenarbeit und der Lektüre anderer Bücher.